JN061188

鶴田 順［著］

TSURUTA Jun

海の安全保障と法

日本はグレーゾーン事態にいかに対処すべきか

Maritime Security and the Law of the Sea

信山社

7040-01011

はしがき

　本書『海の安全保障と法——日本はグレーゾーン事態にいかに対処すべきか』は、筆者が、ここ数年、外交・安全保障専門誌に寄稿してきた文章をまとめた本である。

　2022年12月、日本政府は国家安全保障に関する新しい基本方針として国家安全保障戦略を決定した。その策定過程で、筆者はさまざまな場所・媒体で次のような意見を述べた。

　ここ数年、日本をとりまく安全保障環境の厳しさが増している。とりわけ懸念されるのが沖縄県の尖閣諸島に対する中国の挑戦である。ここ数年、中国海警局に所属する船舶（中国海警船）による尖閣諸島周辺の領海への侵入、日本漁船への接近・追尾は常態化している。中国は尖閣諸島の領有権を主張するだけでなく、尖閣諸島周辺海域での活動を活発化させている。

　これまでのところ、日本は尖閣諸島周辺の領海への中国海警船の侵入を規制し、領海に侵入された場合には、国際法と日本の国内法に基づき領海外への退去を求めるという対応をとっている。

　今後、中国海警の隊員が尖閣諸島へ上陸する可能性もある。また、中国海警船による日本漁船への接近・追尾の件数が増加している現状をふまえると、中国海警の隊員による日本漁船に対する中国国内法令の執行がなされる可能性もある。いかなる事態が発生したとしても、日本が適切かつ実効的に対処できるように備えを進めていく必要がある。

　日本の安全保障の課題、その課題の改善・克服のための方策は、筆者が意見するまでもなく、多くの安全保障関係者が共有している。個別に話すと、細かな点で違いはありつつも、基本的には同じということが多い。しかし、課題の改善・克服に向けた動きは鈍い。すくなくとも直球の具体的な動きはみられない。

　日本のいたるところでよく目にする光景である。分かっていても、なかなか

変われない。いろいろな理由があってそうなるのだろうと思う。

　ただ、安全保障は人の生命や国の存亡が関わる。すこしでも「より良い」事態対処のあり方を法的観点から追求したい。事態対処にあたる現場最前線に思いをはせながら、地道な努力を続けたい。

　本書は企画段階から刊行まで信山社の高畠健一様にご担当いただいた。高畠様の安全保障に関する専門的知見に大いに助けられた。また、本書の表紙には、これまでの拙著（『国際法講義〔第 3 版〕』（成文堂 , 2022 年）等）と同じく、日本画の新生加奈先生に、日本の海の安全保障の最前線・沖縄県石垣市の海上保安庁巡視船が停泊する桟橋を描いていただいた。心より御礼を申し上げる。

　国際法研究に筆者を導いてくださった中谷和弘先生に本書を捧げる。

　　2024 年春、白金台にて

筆者　鶴田　順

目　次

第1章　アジアの海洋秩序をいかにして維持・構築するか

1-1　海における「法の支配」

　国際社会における「法の支配（rule of law）」は20世紀前半の国際連盟による紛争処理で強調され、第二次世界大戦後は「国際連合憲章」（国連憲章）2条4項による武力不行使原則、国際慣習法の法典化と国際法の漸進的発達、国際社会における国際裁判による司法的な紛争処理の位置づけなどをめぐって、さまざまな意味付けを伴いつつ、今日まで語られてきた。

　もっとも、国際社会における「法の支配」について十分な明確さをもって語るためには、検討が必要となる論点は少なくない。現在の国際法は国際社会における「法の支配」を担い得る「法」であるのか、国際法は国際社会を構成する諸国に衡平に適用されているのか、「法の支配」は国際秩序の維持・構築においてどこまで有効な理念であるのか（法は社会秩序を支えるさまざまな規範のうち、あくまでも一つの規範である）、そもそも国際社会において「法の支配」は可能なのか（強制管轄権を有する裁判所による紛争処理が一般的には確立していない国際社会では、各国が自ら国際法を解釈して行動する）などの論点である。

　とはいえ、海における「法の支配」が意味するところは、けっして抽象的な理念にとどまるものではない。海の秩序の維持・構築のための国際的な規範である国際海洋法には長い歴史があり、「公海の自由」や領海における無害通航権などは各国の実行の集積により、国際慣習法上の原則や権利として確立している。また、今日、国際海洋法の規範内容は、1982年に採択された「海洋法に関する国際連合条約」（国連海洋法条約）に明文化されている。国連海洋法条約は1994年に発効し、2023年8月末現在、168か国およびEUが締結している。

1-2　アジアの海における各国間の紛争・対立

　アジアの海では島の領有権や排他的経済水域（EEZ）・大陸棚の境界画定などをめぐって中国と関係各国の間で紛争・対立が頻発し、各国政府の軍艦や公用船舶の対峙・衝突が発生している。

　南シナ海では、ベトナムとフィリピンの間にある南沙諸島（スプラトリー諸島）については中国、台湾、ベトナム、マレーシア、フィリピンとブルネイが、

また、中国の海南島の南方にある西沙諸島（パラセル諸島）については中国、台湾とベトナムが領有権を主張している（図1-1参照）。これらの島々では、力による島の奪取や占拠、島への観測所、滑走路や埠頭などの建設、また、島の周辺海域においては、漁獲活動禁止に係る一方的な宣言、外国漁船の拿捕や漁民の逮捕・拘束などが発生している。さらに、外国人漁業の取り締まりをきっかけにして、各国政府の公用船舶が海上で直接に対峙するという事案も発生している。

たとえば、2009年3月には、海南島の南方約70カイリの海域において、中国人民解放軍海軍の情報収集艦、中国政府の国土資源部国家海洋局中国海監総

図1-1　南シナ海の西沙諸島と南沙諸島の位置
（鶴田順, 2012,「東アジアの海洋権益をめぐる紛争・対立と海上法執行機関」『Nippon.com』2012年11月15日より）

隊（海監）の公用船舶、農業部漁業局漁政検査隊（漁政）の公用船舶などが、米国海軍の海洋監視艦インペッカブル号に接近・包囲し、同号の航行を妨害し、現場海域からの退去を要求した。

2010年4月には、日本の沖縄本島近海を航行中の中国人民解放軍海軍の艦載ヘリが海上自衛隊の護衛艦に複数回接近し、中国人民解放軍海軍の艦艇が海上自衛隊の哨戒機に速射砲の砲門を向けるという事案が発生した。

2011年5月には、海南島の南方約320カイリ、ベトナム中部の東方約120カイリの海域において、中国政府海監の公用船舶などが「中国管轄水域における通常の取り締まり活動」として、ベトナムの資源探査船の調査ケーブルを切断するという事案も発生した。

近年では、2023年12月9日、フィリピン政府は、中国と領有権をめぐり争っている南シナ海の南沙諸島（スプラトリー諸島）の海域で自国の船舶が中国海警局に所属する船舶（中国海警船）によって放水銃を発射されたと発表した。10日には、フィリピンが実効支配しているアユンギン礁近海でフィリピン軍に物資を運んでいた補給船と巡視船の3隻に中国海警船が放水銃を発射したと発表し、「違法かつ攻撃的な行動」と非難した。他方で、中国政府は「中国海域への不法侵入で責任はフィリピン側にある」と非難した。

中国の海上での法執行活動は、かつては、海監、漁政、船舶交通管理を所掌する交通運輸部海事局（海巡）、沿岸警備を所掌する公安部辺防管理局公安辺防海警部隊（海警）、税関業務を所掌する海関総署密輸取締警察（海関）という5つの行政機関である国務院機関によって担われていた（「五龍」とよばれた）。2013年3月に海巡以外の4つの機関が国家海洋局の下に整理・統合され、同年7月に国家海洋局のなかに中国海警局（China Coast Guard）が設立され、その後、2018年3月に中国海警局は武装警察に転属・編入され、国務院ではなく中国共産党中央軍事委員会の指揮を受ける機関となり、現在に至っている（3-3参照）。

1-3 「法の支配」における「法」　現在の法か、それとも新たな法か

アジアの海が開かれ・安定したものであるために、まずは、現在の国際海洋法をふまえて、法的に何が許され、何が許されないかについて、各国間でどこまで同じ解釈で、どこから違うのかを検証し、整理し、改善策を見出していく

ことが重要である。その結果として、現在の国際海洋法の「あいまいさ」や現在の国際海洋法ではアジアの海で発生している問題状況に「十分に対応できない」ことなど、現在の国際海洋法の課題が明らかになるはずである。

　現在の国際海洋法が「あいまい」である場合、各国間における解釈の違いによって個別具体的な事案における対応に違いが生じる可能性が高い。そのような解釈の違いを解消することが容易でないのであれば、各国間における解釈の違いを明確化し、個別具体的な事案で発生しうる対峙・衝突を事前に想定し、それらを防止・緩和できるように備える、すなわち「違い」を国際的に適切に「管理」する必要がある。まさに危機的な状況で実効性のある「危機管理メカニズム」を構築する必要がある（1-6 参照）。

　他方で、現在の国際海洋法が「不十分」である場合、新たな国際規範の定立の必要性の主張や、より一般的に、現在の国際海洋法の変更要求が妥当性を有することになる。現在の国際海洋法の変更要求が各国にも受け入れられ、かつての大陸棚制度や EEZ 制度の創出のように、新たな国際海洋法の創出につながっていくか否かは、さまざまな要素によって決まっていくものである。

　たとえば、現在の国際海洋法の変更要求が各国の利益認識と合致するか、関係各国やひろく国際社会が積み上げてきた原則、理念や規範意識と合致するか、国際的な「公共性」のための貢献（国際公共財の提供）としての側面を有するか、そして、新たな国際海洋法に基づく秩序が現在の国際海洋法に基づく秩序と比べて「よりよい」秩序を描けているかである。

1-4　南シナ海仲裁事件の仲裁判断　中国による新たな法の模索？

　中国にとってのアジアの海における「法の支配」の「法」が、現在の国際海洋法であるのか、それとも中国が描く新たな「よりよい」国際秩序構想に対応した新たな国際海洋法であるのか。南シナ海仲裁事件（フィリピン対中国）の仲裁判断のプロセスは、中国によってこの点の明確化が図られる絶好の機会となるはずであった。

1-4-1　中国が南シナ海に描いた「九段線」

　国連海洋法条約は、「大陸棚の限界に関する委員会」（CLCS）による審査によって大陸棚が 200 カイリ（約 370km）を超えて地形・地質的につながってい

ると認められた場合には、200 カイリを超えて大陸棚を設定することができると規定している（76 条）。

　2009 年 5 月、マレーシアとベトナムの CLCS への共同申請を受けて、中国は国連事務総長に口上書（CML/17/2009）を提出した。中国は、マレーシアとベトナムの共同申請を「中国の南シナ海における主権、主権的権利および管轄権を深刻に侵害するもの」と評価したうえで、より一般的に、「中国は南シナ海における島嶼およびそれに隣接する海域に対して争う余地のない主権を有しており、関連する海域ならびにその海底およびその下に対する主権的権利および管轄権を有する」と述べた。

　口上書には南シナ海の地図が添付されており、南シナ海の大半を取り囲むかたちで九つの破線（九段線）が描かれていた（図 1-2 参照）。九段線がいかなる意味を有するのか、口上書で何ら説明はなく、そのいくつかは南シナ海周辺各国の EEZ を含むかたちで描かれていたことから、マレーシア、ベトナム、インドネシア、フィリピンから異議が提起された。

1-4-2　南シナ海仲裁事件の争点

　このような中国の動きを受けて、2013 年 1 月 22 日、フィリピンは中国に対して国連海洋法条約附属書Ⅶに基づき仲裁手続きを開始した。

　2015 年 10 月 29 日に管轄権と受理可能性に関する仲裁判断（Award on Jurisdiction and Admissibility）が示され、2016 年 7 月 12 日に仲裁判断（本案判断）（Award）が示された。

　仲裁廷（arbitral tribunal）は、本案判断の冒頭で、本件紛争の争点を次のように整理した。

　　国連海洋法条約は領土に対する主権については規定していない。仲裁廷は南シナ海の領土に対する主権をいずれの国が有するかについては問われていない。中国は 2006 年に国連海洋法条約 298 条に基づき「海洋の境界画定」や「歴史的湾もしくは歴史的権原」に関する紛争の義務的管轄権からの除外を宣言している。そのため仲裁廷はこれらの点は扱わない（本案判断 paras. 5-6）。

　　フィリピンが提起している本件紛争は次の 4 点に整理することができる。第 1 に九段線の内側の海域における中国の主権的権利、管轄権および「歴

史的権利」の主張が法的効果を有するか否か（フィリピンの申立 1 と 2）。第2 にスカボロー礁とスプラトリー諸島（南沙諸島）の海洋地形による EEZや大陸棚に対する権原の取得の可否（フィリピンの申立 3 から 7）。第 3 に南シナ海における中国のさまざまな活動の違法性（フィリピンの申立 8 から13）。第 4 に本件仲裁手続きが進められている間も中国によって行われている紛争の悪化および拡大行為（フィリピンの申立 14 と 15）（同 paras. 7-10）。

1-4-3　中国による南シナ海における「歴史的権利」主張とその正当化
　中国政府は一貫して本件仲裁手続きへの参加を拒否した。その一方で、中国は、本件仲裁手続きへの参加を意味するものではないとしたうえで、2014 年12 月 7 日、仲裁廷の管轄権に関する立場を説明する文書（*Position Paper of the Government of the People's Republic of China on the Matter of Jurisdiction in the South China Sea Arbitration Initiated by the Republic of the Philippines*）を公表した。同文書は、次のような理由で仲裁廷の管轄権を否定した。

　　本件紛争の実質的な争点は南シナ海のいくつかの海洋地形に対する領域主権であり、これは国連海洋法条約の解釈・適用によって判断できる争点ではない。南シナ海紛争は中国とフィリピンの外交交渉によって解決する。フィリピンが本件紛争を一方的に仲裁手続きに付託することは許されない。仮に本件紛争の争点が国連海洋法条約の解釈・適用に関係するとしても、本件紛争の争点は海洋の境界画定に必然的に関わるものである。中国は2006 年 8 月に海洋境界画定紛争を義務的な紛争解決手続きから除外することを宣言した。それゆえ本件紛争を仲裁手続きで扱うことはできない。

　中国は、この時点では、本件紛争の実質的な争点との関係において国連海洋法条約による規律の「限定性」の指摘をするにとどまっていた。

　2015 年 10 月 29 日に管轄権と受理可能性に関する仲裁判断が示されたことを受けて、その翌日の 10 月 30 日、中国政府は公式の声明で次のように述べた。

　　中国は南シナ海における島嶼およびそれと隣接する海域に対して争う余地のない主権を有している。南シナ海における中国の主権とそれに関連する権利は長い歴史を経て形成されたものであり、中国政府によって引き継がれ、中国の国内法によって複数回にわたって確認され、また国連海洋法条約を含む国際法でも認められている（*Statement of the Ministry of Foreign Af-*

fairs of the People's Republic of China on the Award on Jurisdiction and Admissibility of the South China Sea Arbitration by the Arbitral Tribunal Established at the Request of the Republic of the Philippines）（本案判断 para. 187）。

中国は、南シナ海における主権や「歴史的権利」と国連海洋法条約を含む国際法との「整合性」を主張した。

他方で、2016 年 5 月 12 日、中国は、南シナ海の九段線の内側で中国が有する主権とそれに関連する権利は長い歴史を経て形成され、長きにわたりいずれの国からもその合法性に疑義が提起されることはなく、国連海洋法条約の採択よりはるかに先行して確立したものであり、その国連海洋法条約は海洋法のすべての事項を規律するものではないことから、仲裁廷は九段線の内側で中国が有する権利に対する管轄権を有していないと主張した（本案判断 para. 200）。

これは、中国による国連海洋法条約による規律の射程の「限定性」の指摘である。中国としては、国際海洋法には国連海洋法条約以外の法規則が存在し、中国が主張する南シナ海における主権や「歴史的権利」は、国連海洋法条約によってではなく、国連海洋法条約以外の法規則によって正当化できるという主張であると考えられる（2-4 参照）。

1-4-4　仲裁判断（本案判断）

2016 年 7 月 12 日、仲裁廷は判断（本案判断）を示した。本案判断はフィリピンと中国にとって法的拘束力を有し、最終的なものである。

仲裁廷はフィリピンによる 15 の申立のうち 14 についてフィリピンの主張を肯定した。仲裁廷は、第一に中国による南シナ海における「歴史的権利」主張の法的効果を否定した。第二にスプラトリー諸島の海洋地形による EEZ や大陸棚に対する権原の取得を否定した。第三に南シナ海における中国によるさまざまな活動の違法性を認定した。

第一の点について、仲裁廷は次のように判示した（本案判断の主文(1)と(2) para. 1203）。

「フィリピンと中国との間において、国連海洋法条約が南シナ海における海域に対する権原の範囲を定めており、その範囲は国連海洋法条約に定められた限界を超えてはならない。」

「フィリピンと中国との間において、『九段線』の関連部分に囲まれた南

シナ海の海域に対する中国の歴史的権利その他の主権的権利または管轄権の主張は、それが国連海洋法条約で中国に認められる海域に対する権原の地理的および事項的限界を超える限りにおいて国連海洋法条約に反しており、法的効果を有さない。さらに、国連海洋法条約は、国連海洋法条約で定められた範囲を超えるあらゆる歴史的権利その他の主権的権利または管

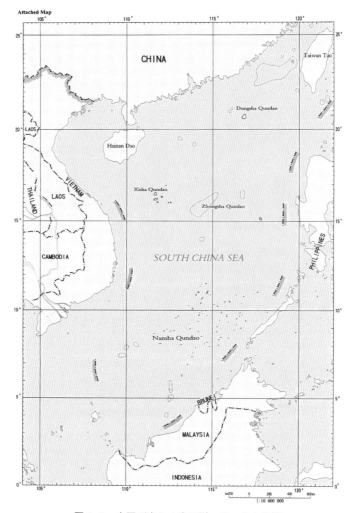

図1-2　中国が南シナ海に引いている九段線
（中国政府から国連事務総長に提出された口上書（CML/17/2009）に添付された地図）

轄権を上書きした。」

1-4-5　国連海洋法条約による規律の「包括性」

本件仲裁判断は中国が南シナ海の地図に描いた九段線そのものの法的評価を示したわけではない。また、南シナ海の島嶼およびそれと隣接する海域に対する中国の領有権や領域主権を否定したわけではない。

仲裁廷は、中国による南シナ海の九段線の内側の海域における「歴史的権利」主張を、国連海洋法条約の「包括性」（国連海洋法条約は地球上のすべての海域を規律し（地理的包括性）、すべての海洋利用を規律している（事項的包括性））を前提に、（国連海洋法条約以外の法規則ではなく）国連海洋法条約によって評価し、その法的効果を否定した。仲裁廷は、国連海洋法条約には条約と抵触する歴史的権利の許容につながるような明文規定は存在せず、国連海洋法条約は条約と抵触する歴史的権利を許容していないという点は条約交渉の記録からも確認することができ、仮に各国がかつて歴史的権利を有していたとしても、その権利が妥当する海域が現在は他の国の EEZ や大陸棚である場合には、当該権利は条約によって上書きされたと判示した（本案判断 paras. 231, 246-247, 261-262）。

このような理由付けは、国連海洋法条約は島・岩・低潮高地といった海洋地形に対する領有権や領域主権を規律していないこと、また 2006 年 8 月に中国は国連海洋法条約 298 条 1 項に基づき「海洋の境界画定」や「歴史的湾もしくは歴史的権原」に関する紛争を義務的管轄権から除外することを宣言したことをふまえて、これらと抵触しないかたちで仲裁廷が判断を示すための方策であった。フィリピンの訴訟戦略が功を奏したといえる。

1-4-6　国連海洋法条約による規律の射程についての日本政府の理解

2021 年 7 月 12 日の仲裁判断の発出から 5 年が経過したことをうけての日本の外務大臣の談話では、「国連海洋法条約の普遍性や包括性に鑑み、全ての海洋権益に関する主張は同条約の関連規定に基づかなければなりません」（傍点は筆者による挿入）と述べた。仲裁判断発出から 6 年が経過したことをうけて出された 2022 年の外務大臣談話でも同じ内容・表現の一文が維持されていたが、7 年が経過したことをうけて出された 2023 年の談話にはこの一文が存在しない。

日本政府が国連海洋法条約の規律の射程をどのように考えるか、「包括的」

とみるか、それとも中国のように「限定的」とみるかは、日本の海洋法・政策の基礎に関わる論点である。日本の関連の実行をふまえつつ、理論的かつ実践的に整理しておく必要がある。

1-5　領域権原の取得をめぐる紛争を解決する基準

　中国は、仲裁判断が示された翌日、2016年7月13日、南シナ海問題についてこれまで表明してきた立場を再確認するとともに、仲裁判断は認められるものではなく、フィリピンとの紛争は二国間の「交渉」で解決を図るとの見解を示した（2-1参照）。他方で、フィリピン政府も、仲裁判断が示される直前の2016年6月30日に就任したロドリゴ・ドゥテルテ大統領は中国との関係強化の方針を示した。

　一般的に、国際紛争の平和的解決の手段はさまざまであり、裁判による解決はあくまでもその一つである。国際紛争の大半は、裁判以外の交渉、審査、仲介、調停といった紛争解決手段、とりわけ交渉によって解決され、あるいは未解決のままとなる。紛争の平和的解決を導く、あるいはその支えになるのであれば、必ずしも裁判による司法的な紛争解決である必要はない。国際紛争が裁判に係属した場合であっても、裁判で扱われるのは、紛争当事国間に存在する紛争の複合的な要因のなかで、法的権利・義務の対立として法的に構成された・構成することができた側面のみである。また裁判の判決の効力範囲は「当該事案限り・当該当事国間限り」である。そして、判決が紛争全体の解決を導くか否かは「ケース・バイ・ケース」である。紛争の性質によっては、裁判ではなく、紛争当事国間の交渉によって解決が模索されたほうが良い場合もあるであろう。

　しかしながら、国際紛争の類型のうち、ある領域の権原の取得をめぐる紛争（領域権原取得紛争）については、紛争の解決を導く基準は、さまざまな紛争解決基準のうち、国際法である必要がある。

　たとえば、南シナ海仲裁事件で争点の一つとなった「ある海洋地形が島か岩か」という問題の解決を導く基準は国連海洋法条約121条に示された基準である。懸案の地形が国連海洋法条約に基づき「島」であればその周辺海域にEEZを設定することができ、「岩」であればEEZを設定できない。当該地形の法的評価により、各国が当該地形の周辺海域において漁獲活動の自由（国連海

洋法条約 87 条 1 項(e))、人工島を建設する自由（国連海洋法条約 87 条 1 項(d))、「海洋の科学的調査」（MSR）の自由（国連海洋法条約 87 条 1 項(f)と 257 条）などの「公海の自由」を享受できるか否かが決まってくる。

「ある海洋地形が島か岩か」という問題はすべての国の海の利用についての権利と義務に関わる問題であり、紛争当事国が独自の基準で交渉して解決することが許される問題ではない。たとえば、国際法上「岩」と判断された海洋地形を紛争当事国間の交渉によって「島」とすることはできない。

1-6　各国海上法執行機関の「衝突」の回避のための「危機管理メカニズム」の設定

アジアの海では、現に、各国政府の海上法執行機関の公用船舶の直接対峙が頻発していることから（1-2 参照）、こうした対峙が「武器の使用」（あるいは「武力の行使」）（5-7 参照）を伴う「衝突」にエスカレートすることを防止する必要がある。

そのような方策としては、各国政府の海軍艦船の海上での衝突回避や妨害行為回避などのために締結されている海上事故防止協定（Incidents at Sea agreement, INCSEA）を参考にしつつ（1972 年の米ソ海上事故防止協定や 1993 年の日露海上事故防止協定など）、「危機管理メカニズム」を設定するのが有益である。

危機管理メカニズムの内容としては、(1)各国政府の海上法執行機関が事案対処などにあたっている現場海域で、法執行官がまさに危機的な状況で直接に利用可能な「相互連絡メカニズム」の構築、(2)各国政府の海上法執行機関の現場海域にいる法執行官が共有可能な「安全基準」の確認・設定が有益であると考えられる。

(1)の「相互連絡メカニズム」の構築とその実効性を確保するためには、「いかなる状況が危機的状況であるか」について事前に相互に了解しておく必要がある。「相互連絡メカニズム」の対象となる海域についても、国家間で紛争・対立が発生している海域である場合は特定するのが困難であるが、いわゆる disclaimer 条項（「一方の締約国の海上法執行機関が本協定に基づく措置をとる場合であっても、そのことは当該海域に関する当該締約国の主張に何ら影響を及ぼすものではない」などの条項）を活用するなどして、対象海域を特定しておく必要がある。また、相互に連絡すべき事項やその手段・方法などについても相互に了解して

おく必要がある。

　日本と中国の防衛当局間では相互通報メカニズムがすでに設定されている。2021年12月27日、日本の岸信夫・防衛大臣と魏鳳和・中国国務委員兼国防部長のテレビ会談が行われた。その成果として、両大臣は、日中防衛当局間の信頼醸成や不測事態の回避などを目的として設定されている「日中防衛当局間における海空連絡メカニズム」について、その実効性を向上させるために「日中防衛当局間ホットライン」の早期設置が重要であることを確認した。2023年3月31日、日本と中国の双方における器材の設置および回線の敷設を完了し、ホットラインが設置された。そして、2023年5月16日、浜田靖一・防衛大臣と李尚福・中国国防部長との間でホットラインによる初回の通話を実施した。

　ただ、現在、日本の尖閣諸島周辺海域で直接対峙しているのは、日中両国の軍事機関の軍艦ではなく海上法執行機関の船舶である。

　(2)の「安全基準」の確認については、1972年に政府間海事協議機関（IMCO）で採択された「1972年の海上における衝突の予防のための国際規則に関する条約」（COLREG条約）に添付されている「1972年の海上における衝突の予防のための国際規則」（COLREG規則）の実施義務の確認（コラム1参照）や、海上での法執行活動の実効性担保としての「実力の行使」のあり方に関する国際法規則（5-7参照）の確認などが考えられる。

　相互連絡メカニズムの構築や安全基準の確認・設定がまさに危機的な状況で実効性のある危機管理メカニズム、すなわち、各国政府の海上法執行機関の公用船舶が直接対峙する現場海域で衝突リスク低減のためのメカニズムとなるためには、メカニズムを設定する目的、メカニズムの適用のある危機的状況と対象海域、また海上での法執行活動の目的・内容・手段・方法についての規範の共有が重要である。

1-7　海上保安庁による法執行活動

　海上保安庁は1948年5月1日に「海上の安全及び治安の確保を図ること」（「海上保安庁法」（昭和23年（1948年）法律28号）2条1項）を任務として設立された。「国家行政組織法」（昭和23年（1948年）法律20号）および海上保安庁法により、国土交通大臣の管理する外局として設置されている。英語名は「Japan

Coast Guard」である。

　海上保安庁は、「法令の海上における励行」、「海上における犯罪の予防及び鎮圧」、「海上における犯人の捜査及び逮捕」（海上保安庁法 2 条 1 項）などの海上での法執行活動を行うことで海上における治安の確保を図る。

　海上保安庁法 2 条 1 項のうち、海上保安庁が行政的な警察権限を行使する根拠となる規定は「法令の海上における励行」である。ここでの「法令」はひろく日本の国内法令を意味する。ただし、日本の国内法体系に位置付けられた条約その他の国際約束は含まれない。具体的な権限行使としては、関係者に法令を説明し、法令違反が生じている場合には、その事実を指摘し、それを是正するために必要な指示を与えることである。「法令の海上における励行」は、海上保安庁法 5 条で海上保安官の所掌事務としても規定され、海上保安官に法令の執行を包括的に授権した規定である。

　海上保安庁法 2 条 1 項の「海上における犯罪の予防及び鎮圧」は、犯罪の発生を未然に防止し、犯罪が発生した場合には、その害悪の及ぶところを最小限に止め、その拡大の防止を図るという行政的な警察権限の行使である。

　また、海上保安庁法 2 条 1 項の「海上における犯人の捜査及び逮捕」は、犯罪の捜査や犯人の逮捕といった司法的な警察権限の行使であり、これらの権限行使は「刑事訴訟法」（昭和 23 年（1948 年）法律 131 号）に基づいて行われる。海上保安官が権限行使の対象とする「海上における犯罪」は、「海上」という限定は付されているものの、「犯罪」の内容に限定はない。

　したがって、国連海洋法条約を実施するために個別の法律が整備されているという場合には（コラム 2 参照）、当該国内法整備は、海上での執行権限の行使を、海上保安庁法 2 条 1 項の「法令の海上における励行」、「海上における犯罪の予防及び鎮圧」あるいは「海上における犯人の捜査及び逮捕」という組織法・作用法上の明確な根拠を有するかたちで可能にするという意義を有する。

　海上保安庁の巡視船艇が搭載している武器は、あくまでも法執行活動の実効性の担保のために、海上保安庁法 20 条に基づいて、国際法および「警察比例の原則」（警察上の規制の必要と警察権の行使の程度の間に正当な比例を保つという考え方）に従って用いられる（5-7 参照）。

　海上保安庁法 25 条は、「この法律のいかなる規定も海上保安庁又はその職員が軍隊として組織され、訓練され、又は軍隊の機能を営むことを認めるものと

これを解釈してはならない」と規定している。同条は海上保安庁の非軍事性、すなわち、海上保安庁は軍ではなく警察であり、海上保安庁の活動は軍事活動ではなく法執行活動であることを規定している（5-5 参照）。海上保安庁は、米国沿岸警備隊（United States Coast Guard）とは異なり、武力紛争法（武力紛争における戦闘行為の方法や手段などに関する国際法）における軍ではないことから、海上保安官は戦闘員資格（敵国の戦闘員を合法的に殺傷し、軍事目標を破壊する権限）を有していない（5-6 参照）。

1-8　海上での法執行活動とは

近年、日本の周辺海域でも、東シナ海の EEZ および大陸棚の境界未画定の海域における中国による海底資源の探査・開発、日本の EEZ における中国政府公用船舶等による事前申請のない「海洋の科学的調査」（MSR）あるいは事前の申請と異なる海域や方法での MSR、そして、沖縄県の尖閣諸島周辺の日本の領海への中国海警局に所属する船舶の進入と「無害でない通航」が頻発している（図 3-1 参照）。これらの現場海域において、海上保安庁が法執行活動によって事案・事態の対処にあたっている。

ただ、そもそも、海上での法執行活動は、いかなる目的、内容、射程を有するものなのだろうか。

法執行活動とは、基本的には、国の管轄下の人に対する国内法令の適用・執行である。法執行活動は、国内法令の励行の確認や犯罪の予防を行い、犯罪行為が発生した場合には、犯罪を鎮圧・捜査し、犯人が明らかとなれば犯人を逮捕して、国内の刑事司法プロセスに乗せるという権限行使である。

法執行活動には、国家の主権と独立を維持し、領土保全侵害を排除するなど国家安全保障に資する面もあるが、これらはあくまでも法執行活動の副次的効果である。法執行活動と国家安全保障のための活動（軍事活動）は目的、法的根拠、活動内容が異なる（5-5 参照）。

本書の副題とした「日本はグレーゾーン事態にいかに対処すべきか」という論点について、海上法執行活動に焦点をあてて検討する必要がある。海上保安庁が法執行活動によって日本の安全保障に関わる事案・事態に対処することの意義とその射程について、またそれに関連して「我が国の平和と独立を守り、国の安全を保つため、我が国を防衛することを主たる任務」（自衛隊法 3 条 1 項）

とする自衛隊による事案・事態対処の現状と課題について、法的観点から検討
し、課題を整理し、課題の克服を模索する必要がある。

〈主要参考文献〉
① 宮澤節生，1994，『法過程のリアリティ 法社会学フィールドノート』（信山社）.
② 齋藤民徒，2005，「国際社会における「法」観念の多元性 地球大の「法の支配」の基盤をめぐる一試論」『社会科学研究（東京大学）』56 巻 5・6 号，pp. 165-195.
③ 中谷和弘，2017，「南シナ海比中仲裁判断と海洋における法の支配」『国際問題（日本国際問題研究所）』659 号，pp. 1-3.
④ 河野真理子，2017，「南シナ海仲裁の手続と判断実施の展望」『前掲誌③』，pp. 12-24.
⑤ 兼原敦子，2017，「南シナ海仲裁判断（本案）にみる国際法の妥当性の論理」『前掲誌③』，pp. 25-36.
⑥ 西本健太郎，2017，「南シナ海仲裁判断の意義 国際法の観点から」『東北ローレビュー（東北大学）』Vol. 4，pp. 15-52.
⑦ 毛利亜樹，2017，「「法の支配」の国際政治 東・南シナ海をめぐる協調と競争」加茂具樹編著『中国対外行動の源泉』（慶應義塾大学出版会），pp. 49-64.
⑧ 植田隆子，2018，「国際社会における法の支配と地域機構の意義 欧州から見えるアジアに足りない安全保障上の仕組み」『公明』153 号，pp. 18-23.
⑨ Tanaka Yoshifumi, 2019, *The South China Sea Arbitration: Toward an International Legal Order in the Oceans*, Hart Publishing.
⑩ Stefan Talmon, 2022, *The South China Sea arbitration: jurisdiction, admissibility, procedure*, Brill Nijhoff.

〈関連の拙稿〉
① Tsuruta Jun, "The rule of law in the seas of Asia," *INQUIRER*, October 26, 2016.
② Tsuruta Jun, "Maintaining the International Order in Asian Seas," *The Diplomat*, August 6, 2018.
③ Tsuruta Jun, "Assessing Japan's Stance on Key East Asian Security Issues," *The Diplomat*, February 25, 2022.

　本章は次の拙稿を大幅に加筆・修正したものである.
鶴田順，2018，「アジアの海洋秩序をいかにして維持・構築するか」『外交』48 号，pp. 54-59.

第2章　中国による沖合群島を取り囲む基線の設定
　　　　新たな法の模索？

2-1　中国の南シナ海についての主張

　中国政府は、1-4-4 でみた南シナ海仲裁判断（本案判断）発出の翌日の 2016年7月13日、「中国は交渉を通じて中国とフィリピンの間の南シナ海における紛争を解決する立場を堅持する（China Adheres to the Position of Settling Through Negotiation the Relevant Disputes Between China and the Philippines in the South China Sea）」と題する文書（白書）を発表した。

　白書において、中国は、中国の国内法に従って、また国連海洋法条約等の国際法に基づいて、南海諸島（South China Sea Islands、南シナ海）に、内水、領海、接続水域、EEZ および大陸棚を有すると主張した。

　2018年の中国国際法学会による研究成果「南シナ海仲裁判断：批判的検討」（Chinese Society of International Law, 2018, "The South China Sea Arbitration Awards: A Critical Study," *Chinese Journal of International Law*, Vol. 17（2）, pp. 207-748）においても、同様の主張がなされている（2-4 参照）。

　中国が南シナ海に内水、領海、接続水域、EEZ および大陸棚といった海域を設定するにあたり、その出発点となるのが基線の設定である。

2-2　国連海洋法条約に基づく基線の設定方法①　通常基線と直線基線

　国連海洋法条約は、内水、領海、EEZ 等の範囲を画定するための基準となる基線の設定方法について、「通常基線」と「直線基線」による設定を認めている（図 2-1 参照）。

　通常基線について、国連海洋法条約5条は、「この条約に別段の定めがある場合を除くほか、領海の幅を測定するための通常の基線は、沿岸国が公認する大縮尺海図に記載されている海岸の低潮線（low-water line）とする」と規定している。低潮線は潮が引いたときの海面（低潮面）と陸地との境界線であり、海図では干出の外縁である。

　また、直線基線について、国連海洋法条約7条1項は、「海岸線が著しく曲折しているかまたは海岸に沿って至近距離に一連の島がある場所においては、領海の幅を測定するための基線を引くに当たって、適当な点を結ぶ直線基線の

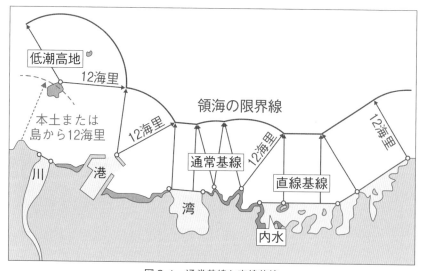

図2-1　通常基線と直線基線
（海上保安庁の HP 上の情報『海上保安レポート 2022』をもとに作成）

方法を用いることができる」と規定している。7条3項は、「直線基線は、海岸の全般的な方向から著しく離れて引いてはならず、また、その内側の水域は、内水として規制を受けるために陸地と十分に密接な関連を有しなければならない」と規定している。

　これらの基線の陸地側の水域は国際法上「内水」となる。内水は沿岸国の領域の一部であり、領土と同じく沿岸国の完全な主権が及ぶ。沿岸国は、内水（直線基線の採用により新たに内水となったいわゆる「新内水」を除く）では、領海とは異なり、外国船舶に通航権を認めなければならないわけではない。

2-3　国連海洋法条約に基づく基線の設定方法②　群島基線

　さらに、国連海洋法条約は、全体が一または二以上の「群島」から成る「群島国」（46条(a)）については、群島の最も外側にある島や礁を結ぶ直線の群島基線（straight archipelagic baselines）を引くことを認めている（47条1項）（図2-2参照）。国連海洋法条約において、「群島」とは、「島の集団またはその一部、相互に連結する水域その他天然の地形が極めて密接に関係しているため、これらの島、水域その他天然の地形が本質的に一の地理的、経済的及び政治的単位

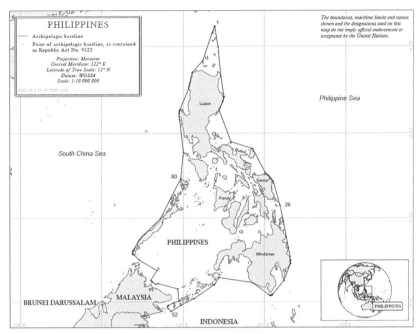

図 2-2　2009 年 3 月にフィリピンによって設定された群島基線・水域

（United Nations, Division for Ocean Affairs and the Law of the Sea Office of Legal Affairs, 2009, *Law of the Sea Bulletin*, No.70, p. 42）

を構成しているかまたは歴史的にそのような単位と認識されているもの」（46 条(b)）のことである。

　群島基線で取り囲まれた水域は国際法上「群島水域」となり、群島国の主権が及ぶ（49 条 1 項）。群島国の主権は、群島水域の上空、海底と海底下、またそこに存在する資源にも及ぶ（49 条 2 項）。

　群島国の定義に該当しない国、たとえば、大陸に領土を有する国（大陸国）は、沖合に群島を有していたとしても、条約 47 条 1 項に基づいて直線の群島基線を引くことはできない。

2-4 中国による「沖合の群島」への基線の設定 国連海洋法条約による規
　　律の「限定性」の指摘

　中国は南シナ海を構成する各諸島を単体として取り囲む直線の基線を設定し、
その基線の陸地側の広大な海域の「内水化」を追求している可能性がある。ま
た中国は国連海洋法条約における「群島国」に該当しないにもかかわらず、南
シナ海の沖合にある各諸島を単体として直線の基線で取り囲もうとしている可
能性がある。

　前記（2-1）の2018年の中国国際法学会による研究成果「南シナ海仲裁判
断：批判的検討」は、基線について次のように述べている。

　　大陸国が有する沖合の群島は国連海洋法条約ではなく国際慣習法によっ
　て規律されている。国連海洋法条約の発効後も引き続き国際慣習法によっ
　て規律され、その規律は各国の実行によって確認され、補強されている
　（para. 557）。国連海洋法条約等の海洋法関係の条約の起草過程をふまえると、
　大陸国が有する沖合群島は、「この条約により規律されない事項」（条約前
　文最終パラグラフ）であり、「引き続き一般国際法の規則および原則により
　規律され」る（同）（paras. 565-573）。大陸国が有する沖合群島に関する制度
　は、各国の実行により「法として認められた一般慣行」として確立してい
　る（paras. 574-586）。国際慣習法上、大陸国が有する沖合群島を単体として
　直線の基線で取り囲み、その基線をもとに、当該大陸国は、内水、領海、
　EEZと大陸棚を設定することができる（para. 587）。中国は、単体としての
　南沙諸島に基づき、内水、領海、EEZと大陸棚を設定することができる
　（paras. 598-599）。2016年の南シナ海仲裁事件の仲裁判断（本案判断）は、大
　陸国が有する沖合群島に関する中国の主張に国連海洋法条約の群島水域制
　度を適用して評価を下したが、これは誤りである。中国は大陸国であり、
　中国が有する沖合群島には国連海洋法条約ではなく国際慣習法上の規則が
　適用される（paras. 608-609）。

　2016年7月の南シナ海仲裁事件の仲裁判断は、まず、中国は国連海洋法条
約46条(a)の「群島国」にはあたらず、条約47条1項に基づいて群島基線を引
くことはできないことを指摘したうえで（仲裁判断 para. 573）、沖合群島に群島
基線と同じような効果を企図した直線の基線を設定している国もあるが、条約
は群島基線の基準を充たさない沖合群島に直線の基線を設定する可能性を排除

しており、それに反する実行があるとしても、そのことが条約規定からの逸脱を許容する国際慣習法上の新たな規則を形成しつつあることの証拠とはならないと判示した（仲裁判断 paras. 575-576）。

　仲裁廷は、国連海洋法条約の外での大陸国が有する沖合群島に関する国際慣習法規則の存在や新たな規則の形成に関する中国の主張を完全に否定した。

　2021 年 8 月 16 日、中国は、国連事務総長宛ての口上書（CML/32/2021）において、「海の秩序をもたらすのは国連海洋法条約だけではない」と述べ、条約前文の最終パラグラフの「この条約により規律されない事項は、引き続き一般国際法の規則及び原則により規律される」を確認したうえで、「国連海洋法条約は大陸国が有する沖合群島を規律していないことから、大陸国が有する沖合群島には引き続き一般国際法の規則が適用される」と述べた。

　南シナ海仲裁事件の仲裁判断は、国連海洋法条約による規律の射程の「包括性」を前提にして、中国の南シナ海における「歴史的権利」などの主張と実行を評価した（1-4-5 参照）。そして、大陸国が有する沖合群島を単体として取り囲む直線の基線設定は、国際法上、許容されないとした。

　しかし、中国は 2016 年の仲裁判断の後も大陸国が有する沖合群島への基線設定に関する主張、またそのような主張の法的正当化に関連して、国連海洋法条約による規律の射程の「限定性」の主張をいまも維持している。

2-5　中国領海法の基線設定に関する規定

　中国は 1992 年 2 月に「中華人民共和国領海及び接続水域法」（中国領海法）を公布・施行し、12 カイリ幅の領海の設定と直線基線方式の採用を国内法によって規定している。

　中国領海法 2 条は、1 項で「中国の領海は中国の領土に接続する水域である」と規定したうえで、2 項で「中国の領土は、中国の大陸およびその沿海の島嶼、台湾および釣魚島を含む附属の島嶼、澎湖諸島、東沙諸島、西沙諸島、中沙諸島、南沙諸島および中国に属するその他のすべての島嶼である」と規定している。3 項は「中国の内水は領海基線の陸地側の水域である」と規定している。

　中国領海法 3 条は、1 項で中国の領海の幅は領海基線から 12 カイリとすること、2 項で領海基線は複数の地点を直線でつなぐ方式を用いて設定することを規定している。

このように、中国領海法は、その適用範囲に南シナ海を構成する各諸島（東沙諸島、西沙諸島、「中沙諸島」と南沙諸島）が含まれることを明記した。しかし、その後、これらの各諸島を取り囲むような基線は設定されなかった（あるいは公表されなかった）。

2-6　西沙諸島を取り囲む基線の設定

1996 年 5 月 15 日、中国は「領海基線に関する中華人民共和国政府の宣言」を発表し、中国の沿海部と西沙諸島（Paracel Islands）に基線を設定した（図 2-3、図 2-4 参照）。

中国の宣言には基線を設定するために用いられる基点の地理学的経緯度の一覧表が付されている。中国の沿海部については 49 の地点、西沙諸島については 28 の地点が特定された。

中国は、宣言を公表した翌々日の 1996 年 5 月 17 日、国連海洋法条約 16 条 2 項に基づき宣言を国連事務総長に寄託した。条約 16 条 2 項は、沿岸国は直線基線を記した海図またはその基点を記した地理学的経緯度の表の写しを国連事務総長に寄託すると規定している。中国による国連事務総長への宣言の寄託からは、中国としては西沙諸島を単体として取り囲むように設定した直線の基線を国連海洋法条約に基づいて設定した直線基線であると考えていることが分かる。

宣言の末尾には、「中華人民共和国政府は、中華人民共和国の領海の他の基線を別の機会に公表する予定である」と記されている。

2023 年 8 月末現在、南シナ海の西沙諸島以外については、各諸島を単体として取り囲むような直線の基線の設定はなされていない（あるいは、まだ公表されていない）。

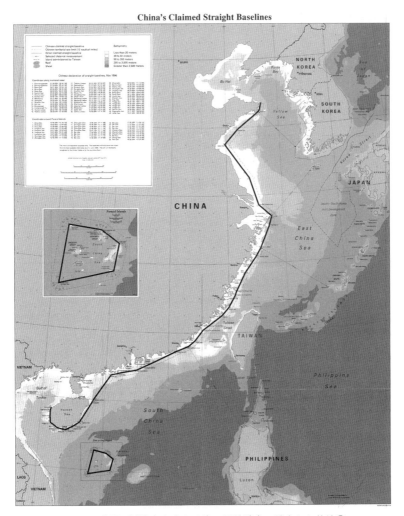

図 2-3　中国が沿海部と南シナ海の西沙諸島に設定した基線①

（United States, Department of State, 1996, *Limits in the Seas, Straight Baselines Claim: China*, No.117, p. 17）

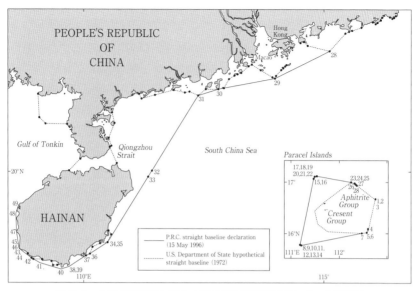

図2-4　中国が沿海部と南シナ海の西沙諸島に設定している基線②

（Dzurek, Daniel, 1996, "The People's Republic of China straight baseline claim," *Boundary and security bulletin*, 1996（4）, p. 81）

2-7　尖閣諸島を取り囲む基線の設定

　2012年9月12日、中国政府は「釣魚島とその附属島嶼の領海基線に関する中華人民共和国政府の声明」を発表し、尖閣諸島の周囲に基線を設定した（図2-5参照）。声明には、基線を設定するために用いられる基点の地理学的経緯度の一覧表と海図が付されている。

　中国政府は、声明を発表した翌日2012年9月13日に、国連海洋法条約16条2項に基づき海図と地理学的経緯度の一覧表を国連事務総長に対して寄託した。中国政府の国連事務総長への寄託からは、中国が尖閣諸島を取り囲むかたちで設定した直線の基線について、中国政府としては条約に基づいて設定した直線基線であると考えていることが分かる。

　中国政府による尖閣諸島の基線設定とその国連事務総長への寄託について、日本政府は2012年9月24日に国連事務総長に次のような文書（PM/12/303）を送付した。

　「歴史的な事実の観点から、また国際法上、尖閣諸島が日本の領域の一

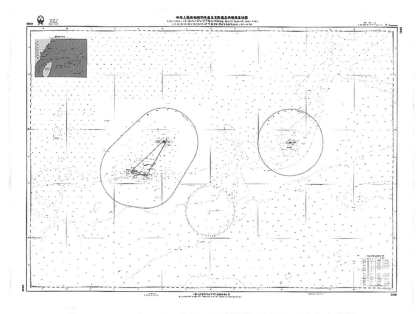

図2-5　2012年9月に中国が尖閣諸島の周囲に設定した基線
（国連海事海洋法課（DOALOS）のHP上の情報より）

部であることに疑いはない。尖閣諸島は日本政府の有効な支配（valid con-trol）のもとにある。日本国の領土の一部である尖閣諸島に関する中華人民共和国の行為はまったく受け入れられないものであり、法的に無効である。」

〈主要参考文献〉

① Hyun-Soo Kim , 1994, "The 1992 Chinese Territorial Sea Law in the Light of the UN Convention," *The International and Comparative Law Quarterly*, Vol. 43 (4), pp. 894-90.

②吉井淳，1995,「直線基線の相対性と客観性」『摂南法学』13 号，pp. 1-24.

③襲迎春，1999,「中国における海洋法の理論と実践 領海制度（南海諸群島を含む）について」『法学政治学論究（慶應義塾大学）』43 号，pp. 157-211.

④植木俊哉，2007,「ノルウェー漁業事件と直線基線」栗林忠男・杉原高嶺編『海洋法の主要事例とその影響』（有信堂高文社），pp. 24-45.

⑤富岡仁，2007,「フィリピンの群島宣言と群島水域制度」『前掲書④』，pp. 46-71.

⑥ J. Ashley Roach, 2013, "China's Straight Baseline Claim: Senkaku（Diaoyu）Islands," *American Society of International Law, Insights*, Vol. 17 (7).

⑦西本健太郎，2014,「南シナ海における中国の主張と国際法上の評価」『法学（東北大学）』78 巻 3 号，pp. 225-259.

⑧ Clive Schoeld, 2014, "Defining the boundary between land and sea: territorial sea baselines in the South China Sea," in S. Jayakumar, Tommy Koh and Robert Beckman（eds.）, *The South China Sea Disputes and Law of the Sea*, Edward Elgar, pp. 21-54.

⑨ Coalter G. Lathrop, J. Ashley Roach and Donald R. Rothwell（eds.）, 2019, *Baselines under the international law of the sea: reports of the International Law Association Committee on baselines under the international law of the Sea*, Brill.

⑩ Ishii Yurika, 2021, "A Critique Against the Concept of Mid-Ocean Archipelago," in Tamada Dai & Zou Keyuan（eds.）, *Implementation of the United Nations Convention on the Law of the Sea*, Springer Singapore, pp. 133-147.

〈関連の拙稿〉

Tsuruta Jun, "China's Baselines around the Offshore Archipelago" *The Diplomat*, September 26, 2023.

　本章は次の拙稿を大幅に加筆・修正したものである。
　　鶴田順，2023,「南シナ海に関する中国の主張と実行（1）「大陸国が有する沖合群島」を取り囲む直線の基線の設定に焦点をあてて」『法学研究（明治学院大学）』114 号，pp. 55-72.

コラム1 外国政府の軍艦・公用船舶に対する海上衝突予防規則の適用

　海上衝突予防のための国際規則（COLREG 規則）とは

　船舶が海上における衝突を予防するためにとるべき航法、灯火や信号のあり方などについては、19 世紀から英国等の主導によりさまざまな規則が作成されていたが、海上交通は国際性を有することから、国際的に共通な規則が必要とされていた。そのような最初の規則として、1889 年に米国で開催された国際海事会議において、「海上における衝突の予防のための国際規則（the International Regulations for Preventing Collisions at Sea）」（COLREG）が採択された。その後、レーダーなどの航海機器の発達などに対応して、「1948 年 COLREG」の採択、さらに「1960 年 COLREG」の採択を経て、1972 年に政府間海事協議機関（IMCO）（1982 年に国際海事機関（IMO）に改称）において「1972 年の海上における衝突の予防のための国際規則に関する条約（the Convention on the International Regulations for Preventing Collisions at Sea, 1972）」（COLREG 条約）に添付されている「1972 年の海上における衝突の予防のための国際規則」（COLREG 規則）が採択された。同条約は 1977 年 7 月に発効した。締約国数は 2023 年 8 月末現在で164 か国である。

　COLREG 規則の適用対象と適用のある状況

　COLREG 規則は、その適用対象について、「この規則は、公海及びこれに通じかつ海上航行船舶が航行することができるすべての水域の水上にあるすべての船舶に適用する」（同規則 1 条(a)）と規定している。また、同条(c)は、「この規則のいかなる規定も、二隻以上の軍艦若しくは護送されている船舶のための追加の位置灯、信号灯若しくは汽笛信号（略）に関して各国の政府が定める特別規則の実施を妨げるものではない」と規定している。

　これらの規定は、軍艦を含む「すべての船舶」に対する COLREG 規則の適用を前提としたうえで、灯火信号に関する規定については例外的に適用を除外するとする規定である。

　それゆえ、COLREG 規則は軍艦に対しても適用があると解釈することができる。政府公用船舶に対する COLREG 規則の適用については、規則の適用対象は「すべての船舶」であり、国際法上、政府公用船舶以上に免除を享受する

軍艦にも適用があると解釈することができることから（3-5-3 参照）、政府公用船舶にも適用があると解釈することができる。

COLREG 規則 2 条(a)は、「この規則のいかなる規定も、この規則を遵守することを怠ること又は船員の常務（ordinary practice of seamen）として必要とされる注意若しくはその時の特殊な状況により必要とされる注意を払うことを怠ることによって生じた結果について、船舶、船舶所有者、船長又は海員の責任を免除するものではない」と規定している。

そのうえで、COLREG 規則 2 条(b)は、「切迫した危険のある特殊な状況」においては、「切迫した危険を避けるため、この規則の規定によらないことができる」として、緊急時の適用除外を規定している。COLREG 規則には本条以外の状況における適用除外に関する規定はない。

南シナ海仲裁事件の仲裁判断　中国政府公用船舶への COLREG 規則の適用

2016 年 7 月 12 日に示された南シナ海仲裁事件の本案判断（In the Matter of the South China Sea Arbitration, Award）（1-4-4 参照）は、中国政府の公用船舶の航行に COLREG 規則を適用し、同船舶の COLREG 規則違反を認定し、さらに国連海洋法条約 94 条違反を認定した。仲裁判断はおよそ次のように述べた。

2012 年 4 月 28 日と同年 5 月 26 日、中国政府の公用船舶（漁政と海監に所属する船舶）はスカボロー礁の近海を航行するフィリピン政府の公用船舶（沿岸警備隊と漁業水産局に所属する船舶）に繰り返し高速で接近し、至近距離で船首を横切ろうとした。そのことにより、フィリピン船舶とその乗組員に対して衝突する深刻なリスクと危険を生じさせた（仲裁判断 paras. 1046-58, 1109）。

中国政府の公用船舶の行為は中国に帰属する（同 para. 1091）。中国政府の公用船舶のこのような航行は責任ある航海の義務と両立しないものであり、良きシーマン・シップを完全に無視するものであり、注意義務を完全に怠るものであり、COLREG 規則 2 条(a)違反である（同 paras. 1092-1094）。COLREG 規則 2 条(b)は「切迫した危険のある特殊な状況」における適用除外について規定しているが、本件の状況はそれに該当しない。むしろ中国政府の公用船舶の航行が「切迫した危険」を引き起こした。海上での法執行活動のために必要となる航行と COLREG 規則が求める航行が緊張関

係にたつ場合、COLREG 規則が優先される（同 para. 1095）。中国政府の公用船舶の航行は COLREG 規則 6 条（安全な速力）、7 条（衝突のおそれ）、8 条（衝突を避けるための動作）、15 条（横切りの状況）、16 条（避航船の動作）にも違反した（同 paras. 1096-1107）。

　結論として、スカボロー礁の近海での中国政府の法執行船舶の航行は、フィリピン船舶とその乗組員に対して衝突する深刻なリスクと危険性を生じさせた。中国は、COLREG 規則 2 条、6 条、7 条、8 条、15 条と 16 条に違反した。また、そのことにより、COLREG 規則は「一般的に受け入れられている国際的な規則、手続き及び慣行」（国連海洋法条約 94 条 5 項）であることから、中国は旗国の義務を規定した国連海洋法条約 94 条にも違反した（同 para. 1109）。

仲裁廷はこのように述べて、結論として次の判断を示した（同 para. 1203）。

　「主文（15）スカボロー礁の近海における中国の法執行船舶の航行について、a．2012 年 4 月 28 日および同年 5 月 26 日の中国の法執行船舶の航行はフィリピン船舶およびその乗組員に対して衝突する深刻なリスクと危険を生じさせた。b．2012 年 4 月 28 日および同年 5 月 26 日の中国の法執行船舶の航行は「海上における衝突の予防のための国際規則」に違反した。中国は国連海洋法条約 94 条の義務に違反した。」

日本における COLREG 規則の実施

　日本では、1972 年に採択された COLREG 規則の国内実施のための法整備として、「海上衝突予防法」（昭和 52 年（1977 年）法律 62 号）が制定された。COLREG 条約の批准のために、かつての「海上衝突予防法」（昭和 28 年（1953 年）法律 151 号）（旧海上衝突予防法）が全面的に改正されたものである。

　日本は、海上交通は国際性を有することから、海上衝突予防に関する規則は国際的に共通であることが重要であるという考えに基づき、旧海上衝突予防法から現在の海上衝突予防法まで一貫して、海上衝突予防に関する国際規則と同一の内容を法律で規定している。

　海上衝突予防法は、船舶の遵守すべき航法など必要な事項を定めることで、海上における船舶の衝突を予防し、それにより船舶交通の安全を図ることを目的としている（同法 1 条）。

海上衝突予防法には自衛艦あるいは軍艦を特別扱いする規定は存在しない。それゆえ、海上衝突予防法は、COLREG 規則と同様に、同法の適用海域である「海洋及びこれに接続する航洋船が航行することができる水域の水上」（同法2条）にある軍艦および政府公用公船にも適用される。同法は、船舶の国籍、種類、トン数を問わず適用がある。

　海上衝突予防法には罰則規定はないものの、海上衝突予防法の規定に違反して海難を引き起こした場合には注意義務違反となり、それが刑事法上の過失認定、犯罪認定、責任追及の根拠となる。

　CORLEG 規則および海上衝突予防法（以下、両者をあわせて「海上衝突予防規則」とよぶ）は、長期をかけて確立した船員の「良き慣行」の基本的な内容を成文化しているが、実際の運用にあたっては、その相当部分を「船員の常務」に委ねている。海上において実際に発生する問題への対応のあり方は規定しつくせるものではないため、海上衝突予防規則に定めのない事象については、個別具体的な状況に応じて「船員の常務」（船員であれば知っているはずの知識、経験、慣行など）として必要とされる注意を払わなければならないとすることで船舶の衝突を予防している。

　なお、海上衝突予防法は海上衝突の防止の予防のために制定された一般法である。港内という限定された海域における航法や信号のあり方についての規則は「港則法」（昭和23年（1948年）法律174号）が、船舶の特に輻輳する航路という限定された海域における航法や信号のあり方についての規則は「海上交通安全法」（昭和47年（1972年）法律115号）が定めている。海上衝突の防止の予防のための一般法である海上衝突予防法に対して、港則法と海上交通安全法は特別法という位置づけである。港則法と海上交通安全法が特別な規則を定めていない事項については、一般法である海上衝突予防法が適用される。

外国軍艦・政府公用船舶への海上衝突予防法の適用

　日本で軍艦・政府公用船舶が関与した衝突事案に対する海上衝突予防法の適用が認められた事案としては、たとえば、海上自衛隊潜水艦「なだしお」と遊漁船「第一富士丸」の衝突事件がある。本件は、1988年7月23日に、乗組員9名と乗客39名を乗せて横浜港を出港し、新島に向けて浦賀水道航路外を南下していた遊漁船第一富士丸と、大島付近海域での訓練を終えて横須賀港に帰

港するため浦賀水道航路を北上していた潜水艦なだしおが横須賀港の港域内で衝突し、第一富士丸が沈没し、乗客 30 名が死亡し、18 名が救助されたという事案である。

　事故の発生海域は横須賀港内であるが、港則法に横切り関係（動力船が互いに進路を横切る場合）に適用のある特別の航法規定は存在しないため、本件には海上衝突の防止の予防のための一般法である海上衝突予防法が適用された。

　本件発生当時、視程（肉眼で確認できる最大距離）は悪くなく、海上も平穏で、操船が特別困難という状況ではなかった。両船の艦長および船長が海上衝突予防法の見張り義務を果たし、航法ルールに従って適時に適切な動作を行っていれば、発生するはずのない事故であったと考えられる。

　1988 年 9 月、なだしお艦長および第一富士丸船長は業務上過失致死傷および業務上過失往来妨害の罪で横浜地方検察庁へ書類送致され、1992 年 12 月、横浜地方裁判所は、両船舶に海上衝突予防法 15 条（横切り船の航法）を適用し、避航義務のあったなだしおに主因があると認定したうえで、なだしお艦長および第一富士丸船長の過失を認めている。

　また、海上で法執行活動に従事している海上保安庁巡視船が引き起こした衝突事案に海上衝突予防法が適用された事案もある。2008 年 6 月 10 日の未明、尖閣諸島の周辺海域において、海上保安庁巡視船「こしき」が日本の領海内を魚釣島に向けて航行する台湾遊漁船「聯合号」を認めたため、船名などの確認のために同船に接近・並走していたが、聯合号に急激に接近・衝突し、聯合号を沈没させた。聯合号の乗組員 3 名と乗客 13 名は全員救助された。本件では、海上保安庁巡視船および台湾遊漁船の双方の船長が業務上過失往来危険罪などで那覇地方検察庁石垣支部へ書類送致された。

　さらに、海上で法執行活動に従事している政府公用船舶による海上衝突予防法の遵守義務が確認された事例もある。

　1953 年 11 月、長崎県漁業取締り船「海竜丸」が密漁の嫌疑のある船舶に対し航海灯を消灯して接近し、当該船舶との距離約 400 メートルに接近したときに航海灯全部を点灯させるとともに、探照灯をもって照射したところ、底曳漁船「第 102 天王丸」が逃走した。海竜丸は第 102 天王丸の右舷側約 50 メートルの間隔を保ち並走状態で追跡を開始したが、その後、第 102 天王丸が海竜丸の進路を妨害しようと右転するなどした結果、第 102 天王丸船首が海竜丸左舷

機関部付近にほぼ直角に衝突するに至り、海竜丸は浸水し沈没した。第102天王丸は救助することなく、そのまま逃走した。

　本件では、第102天王丸船長が公務執行妨害罪の容疑で起訴されたことに関連して、海竜丸の海上衝突予防法違反による公務執行の適法性が争われた。福岡高裁は、密漁現行犯の検挙に従事する司法警察員の運航する船舶が旧海上衝突予防法の灯火・信号などに関する規定に違反していたとしても、当該検挙行為は適法な職務行為であり、公務執行の客観的適法要件を欠いたものとは言えないとしたうえで、次のように判示した。

　　「海上においては陸上におけると異なり明確不動の通路がなく交通整理も行われないから、航行の安全確保、殊に船舶衝突防止の方法は、専ら各船舶の船灯、信号、運航方法の如何にかかっているのみならず、万一衝突事故を惹起せんか直ちに多数の人命と莫大なる財産を危殆に瀕せしめるものであるから、船灯、航法、信号等に関する法規が極めて重要不可欠のものであることは論を俟たないところである（略）。海上衝突予防法の立法趣旨、沿革並びに立言形式に鑑みれば、迅速かつ隠密裏に行動することの要請せられる海上における漁業に関する現行犯の検挙のための船舶を運航する場合、海上衝突予防法所定の法規を遵守するにおいてはたとえその機能を阻害される虞があっても、なお同法規を遵守すべき義務があり、もしこれを無視して船舶を運航すれば違法の責を免れることはできない。」（福岡高判昭和33年（1958年）7月3日高刑集11巻6号317頁）

　これらの事案をふまえると、政府公用船舶が現行犯の逮捕のための活動や領海進入する外国船舶の船名などの確認という法執行活動に従事している状況であっても、海上衝突予防法の適用はあるといえる。

政府公用船舶に対する海上衝突予防規則の適用の限界付け

　南シナ海仲裁事件の仲裁判断は、海上での法執行活動のために必要となる航行とCOLREG規則が求める航行が緊張関係にたつ場合、COLREG規則が優先されると述べた（同para. 1095）。しかし、仲裁判断は「COLREG規則が優先される」と判断した理由を何も述べていない。

　海上衝突予防規則には、政府公用船舶という船種や執行措置を行っている状況への適用を除外する明文規定はない。しかし、海上で法執行活動に従事する

コラム1 外国政府の軍艦・公用船舶に対する海上衝突予防規則の適用

政府公用船舶が当該法執行活動の対象である船舶に対してとる執行措置について、当該執行措置のすべてが海上衝突予防規則の適用によって評価されるべきものではない。

　海上での法執行活動に従事する公船によって、国内法令違反の防止のために行われる進路規制や接舷規制、また国内法令違反を犯した船舶の拿捕・乗組員の捜査・逮捕などのために行われる強行接舷は、海上での法執行活動の実効性を担保するための物理的強制性を有する措置である（5-7参照）。これらの措置が講じられる状況は、海上衝突予防規則がその目的の実現を想定している状況ではない。海上衝突予防規則の目的は、船舶の遵守すべき航法など必要な事項を定めることにより、海上における船舶の衝突を予防し、それにより船舶交通の安全を図ることである。

　法執行活動に従事する政府公用船舶によってとられる執行措置は、公共の安全と秩序の維持、あるいはそれらを害する状態の除去という目的のために、警察比例の原則に基づいて段階的にとられる措置である（1-7参照）。それゆえ、海上で政府公用船舶が法執行活動に従事している状況であっても、そもそも警察比例の原則に反する不必要な行為は許されない。

　また、法執行活動に従事している政府公用船舶が当該法執行の対象である船舶に過失によって衝突した場合は、海上衝突予防規則上の注意義務違反によって生じる責任を免れるものではない。さらに、法執行活動に従事している政府公用船舶が当該法執行の対象ではない他の船舶の航行の安全に危険を及ぼすことは許されず、他の船舶との関係においては海上衝突予防規則に基づく航行が必要である。

　海上で法執行活動に従事する政府公用船舶は、通常の航行においては海上衝突予防規則上の注意義務を果たし、当該法執行活動の対象である船舶に対して執行措置を講じるという特別な状況においては、法執行活動の実効性を担保する「実力の行使」に関する国際法の規則に従い、また国内法上は警察権限行使の一般原則である警察比例の原則に則って、進路規制、接舷規制や強行接舷などの物理的強制性を有する措置を講じることができる。

〈主要参考文献〉

①馬場一精，1977，「海上衝突予防法の改正について」『ジュリスト』644 号，pp. 71-76.

②磯田壮一郎，1988，「海上交通事故の現状と問題点」『ジュリスト』922 号，pp. 23-30.

③甲斐克則，1990，「海上交通事故と過失犯論」『刑法雑誌』30 巻 3 号，pp. 357-390.

④松本宏之，1990，「取締り中の巡視船艇に対する海上衝突予防法適用の問題点」池田英治・広瀬肇編『海上保安の諸問題 国司彰男教授退官記念論集』（中央法規出版），pp. 93-110.

⑤ Nicholas J. Healy and Joseph C. Sweeney, 1998, *The law of marine collision*, Cornell Maritime Press.

⑥ A. N. Cockcroft and J. N. F. Lameijer, 2012, *A Guide to the Collision Avoidance Rules: International Regulations for Preventing Collisions at Sea, 7th edition*, Butterworth-Heinemann.

⑦ David Letts, Rob McLaughlin and Hitoshi Nasu, 2017, "Maritime Law Enforcement and the Aggravation of the South China Sea Dispute: Implications for Australia," *Australian Year Book of International Law*, Vol 34, pp. 56-57.

⑧塩川洋志，2018，「外国軍艦等対処と国際海上衝突予防規則の関係 進路規制・接舷規制を中心に」『波涛（海上自衛隊幹部学校 兵術同好会）』44 号 2 巻，pp. 19-41.

⑨海上保安庁監修，2022，『海上衝突予防法の解説〔改訂 10 版〕』（海文堂）.

⑩ Alfredo C. Robles, Jr, 2022, *Vessel collisions in the law of the sea : the South China Sea arbitration*, Palgrave Macmillan.

〈関連の拙稿〉

Tsuruta Jun, 2022, "Japanese Implementation of the International Regulations for Preventing Collisions at Sea, 1972（COLREGs），" *Meiji Gakuin law journal*, No.112 , pp. 231-242.

第 3 章　日本は中国海警にいかに対応すべきか

　2021 年の中国海警法の制定により、中国海警がいかなる機関で、いかなる活動を行うことができて、今後いかなる活動をしていくのかがみえてきた。日本は、尖閣諸島周辺海域での中国海警の活動に対して、国際社会がこれまで積み上げてきた法規範をふまえながら、適切かつ実効的に対処できるように備えを進めていく必要がある。

3-1　日本周辺海域における中国海警の活動

　ここ数年、中国の人民武装警察部隊海警総隊に所属する船舶（中国海警船）による尖閣諸島周辺の日本領海への侵入、接続水域における航行、日本漁船への接近・追尾が常態化している（図 3-1 参照）。中国は尖閣諸島の領有権を主張するだけでなく、尖閣諸島周辺海域で活動し、その活動を活発化させている。

　海上保安庁は尖閣諸島周辺の領海への中国海警船の侵入を規制し、領海に侵入された場合には、中国国内法令に基づきパトロールを行っていると主張する

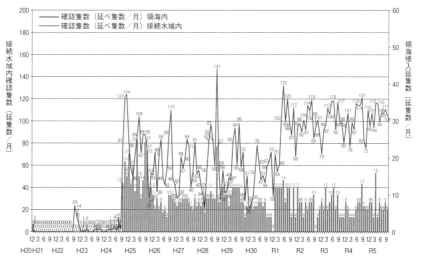

図 3-1　尖閣諸島周辺海域における中国海警船等の動向（2023 年 9 月末まで）
（海上保安庁の HP 上の情報より）

中国海警船に対して、国際法（国連海洋法条約等）と日本の国内法に基づき、領海外への退去を求めるという対応をとっている。

　海上保安庁巡視船が中国海警船を刺激する活動をとらなくても、中国海警船の活動は少しずつ拡大・強化している。

　今後、中国海警局の隊員が尖閣諸島へ上陸を目指す可能性もある。また、中国海警船による日本漁船への接近・追尾の件数が増加している現状をふまえると、中国海警局の隊員による日本漁船に対する中国国内法令（中国の漁業関係法令等）の執行（日本漁船への立入検査や拿捕等）がなされる可能性もある。

3-2　尖閣諸島とは
3-2-1　領土編入にいたる経緯

　尖閣諸島とは、沖縄県八重山諸島の北方の、魚釣島、久場島（黄尾嶼）、大正島（赤尾嶼）などの5つの小島と3つの岩礁からなる島嶼群である（図3-2参照）。

　日本政府は1879年4月に沖縄県を設置した後、沖縄県がチャーターした日本郵船の出雲丸による1885年の調査など、尖閣諸島の現地調査をふまえて、従来無人島であり、清国を含むどの国の支配も及んでいないことを慎重に確認したうえで、1895年1月の標杭建設に関する閣議決定によって尖閣諸島を沖縄県に編入した。

　1895年1月の領土編入措置に関する閣議決定に至る過程は、東京の中央政府主導ではなく、地元の漁民が尖閣諸島に出漁し始めた八重山島役所からの要請を容れた沖縄県が政府に上申することで始まった。尖閣諸島周辺海域の漁場としての利用が活発化し、適切に管理する必要が生じていた。1890年1月に沖縄県知事（丸岡莞爾）から日本政府に所轄編入の上申がなされたが、上申が政府にすぐに認められるということはなかった。その後、尖閣諸島への出漁がさらに活発化したことから、1893年11月に沖縄県知事（奈良原繁）から政府に再び上申がなされ、1895年1月の閣議決定に至った。

3-2-2　無主地先占による領域権原の取得

　日本政府の尖閣諸島の領土編入措置は、国際法上の「先占」にあたる。先占は、国が、いずれの国の領有にも属していない無主の土地を、他の国に先立ち、主権者として領有の意思をもって実効的に占有することによって、当該無主地

を自国の領域とする領域権原の取得方式である。

　領域権原とは、国際法によって領域主権の正当化根拠となると考えられている事実のことである。領域権原の取得方式には、先占のほかに、自然的添付、割譲、時効、併合（征服）がある。

　未知の土地を発見したのみでは「未成熟な権原（inchoate title）」であるにとどまり、発見の後、合理的な期間内に発見したと主張する地域に対する実効的な支配によって補完される必要がある（1928 年の「パルマス島事件」仲裁判断）。つまり国家が当該領域において立法・行政・司法上の権限を行使する必要がある。

3-2-3　中国による領有権の主張

　1968 年秋、国連アジア極東経済委員会（ECAFE）の沿岸鉱物資源調査報告によって、尖閣諸島周辺海域に莫大な石油・ガスが埋蔵されている可能性が指摘されたことを受けて（のちに「莫大」は誇張であることが判明した）、当時国連安全保障理事会の常任理事国で日本と外交関係のあった中華民国（台湾）が 1971年 6 月に尖閣諸島に対する主権を主張するようになった。

　中華人民共和国は、1971 年 12 月 30 日の中華人民共和国政府外交部の声明（「釣魚島の所有権問題に関する中国外交部声明」（『北京周報』10 巻 1 号，p. 13））で次のように述べて、尖閣諸島の領有権を公式に主張し始めた。

　　「釣魚島などの島嶼は昔から中国の領土である。はやくも明代にこれ
　　の島嶼はすでに中国の海上防衛区域のなかに含まれており、それは琉球、
　　つまりいまの沖縄に属するものではなく、中国の台湾の付属島嶼であった。
　　中国と琉球のこの地区における境界線は、赤尾嶼と久米島の間にある。中
　　国の台湾の漁民は従来から釣魚島などの島嶼で生産活動をおこなってきた。
　　日本政府は中日甲午戦争を通じて、これらの島嶼をかすめとり、さらに当
　　時の清朝政府に圧力をかけて、1895 年 4 月、「台湾とそのすべての付属島
　　嶼」および澎湖列島の割譲という不平等条約「馬関条約」に調印させた。」

　その後、中国は、1992 年 2 月に「中華人民共和国領海及び接続水域法」を公布・施行した。同法 2 条 1 項は「中国の領海は中国の領土に接続する水域である」と規定し、同条 2 項は「中国の領土は、中国の大陸およびその沿海の島嶼、台湾および釣魚島を含む附属の島嶼、澎湖諸島、東沙諸島、西沙諸島、中沙諸島、南沙諸島および中国に属するその他のすべての島嶼である」と規定し

た。中国の国内法によって、尖閣諸島（中国名は「釣魚島およびその附属島嶼」）が「中国の領土」として位置づけられた。

また、2012 年 9 月には尖閣諸島を取り囲むかたちで基線を設定した（2-7 参照）。

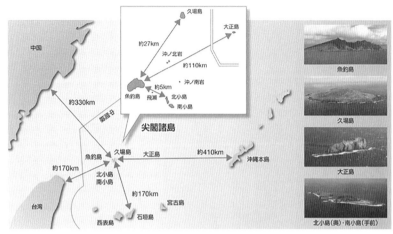

図 3-2　尖閣諸島の位置
（海上保安庁の HP 上の情報『海上保安レポート 2022』より）

3-3　中国海警とは

1982 年の国連海洋法条約の採択後、中国は海洋権益を確保するために国内法令を整備し、海上での法執行体制の整備も進めてきた。

中国は、1992 年の「中華人民共和国領海及び接続水域法」によって、領有権をめぐって他国と紛争・対立のある南沙諸島、西沙諸島や尖閣諸島などを自国の領土として明確に位置付けたのをはじめ、1998 年の「中華人民共和国排他的経済水域及び大陸棚法」、2001 年の「中華人民共和国海域使用管理法」、2009 年の「中華人民共和国海島保護法」の制定など、海洋関係の国内法令を整備してきた。

1-2 でみたように、中国の海洋関係の国内法令の海上での執行は、かつては、海洋権益維持を所掌する国土資源部国家海洋局中国海監総隊（海監）、漁業監督管理を所掌する農業部漁業局漁政検査隊（漁政）、船舶交通管理を所掌する交通運輸部海事局（海巡）、沿岸警備を所掌する公安部辺防管理局公安辺防海

警部隊（海警）、税関業務を所掌する海関総署密輸取締警察（海関）という 5 つの行政機関である国務院機関によって担われていた（「五龍」と呼ばれた）。

2013 年 3 月、全国人民代表大会（全人代）が「国務院機構改革と職能転換方案」を可決し、国家海洋局の改組を発表した。海巡以外の 4 つの機関の「維権執法」（権益維持と法執行）を国家海洋局の下に整理・統合し（2013 年 6 月 9 日付け国務院弁公庁「国家海洋局主要職責、内部機構および人員編成規定」）、同年 7 月に国家海洋局のなかに中国海警局（China Coast Guard）が設立された。海洋行政の主管部門として国家海洋局の機能も強化された。その任務は海洋の総合的管理と生態環境保護を強化し、海上権益擁護・法執行を強化し、中国海警局の長期計画策定、組織建設、管理、指揮にあたり、海洋秩序と海洋権益を擁護することと規定された。中央から国家海洋局への指揮命令系統も構築された。国務院全体の調整を図る国家海洋委員会が設置され、国家海洋局がその具体的な任務を担った。

2018 年 3 月、全人代の期間中、「党と国家機構の改革深化方案（深化党和国家机构改革方案）」が発表され、中国海警局の武装警察への転属・編入が公表された。それに先立ち、武装警察は 2018 年 1 月から国務院公安部の指揮を離れて、中国共産党中央と中国共産党中央軍事委員会の指揮を受けることとなった（二重領導の解消）。中国海警局は行政機関である国務院機関ではなくなった（図3-3 参照）。国家海洋局とその上部組織であった国土資源部は廃止された。

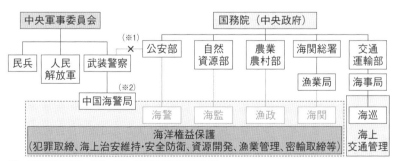

※1　武警部隊の指導・指揮一元化（2018（平成30）年1月1日）
※2　海警の武警への編入（2018（平成30）年7月1日）
　（参考）
武装警察に編入され、指揮を受ける中国海警局の範囲については、公表されていない
破線の範囲は、再編（2013（平成25）年）前の中国海警局が有していた部隊

図 3-3　中国海警局の位置づけ

（防衛省編『令和二年版 防衛白書』第 1 部第 2 章第 2 節「海警の武警への編入」より）

2021 年 1 月 22 日、全人代常務委員会は「中華人民共和国海警法」（中国海警法）を可決した。同法は同年 2 月 1 日に施行された。

3-4　中国海警船の大型化と武装化
　近年、中国海警局所属船舶（中国海警船）は大型化と武装化が進んでいる。中国人民解放軍海軍の艦艇の艤装と塗装を変更しての中国海警船への転用も進んでいる。中国海警の 1,000 トン級（満載排水量）以上の大型船は、海上保安庁が公表している資料によると、2020 年 12 月末の時点で 131 隻であり、10 年前に比べて 3 倍以上に増えた。日本の海上保安庁の 1,000 トン型（総トン数）以上の大型巡視船の約 2 倍の隻数である。
　中国海警船には、海上自衛隊の護衛艦と同じく 76mm 砲を搭載しているものもある。
　海上保安庁の大型巡視船 PLH（ヘリコプター 2 機搭載型巡視船）「あきつしま」（全長 150m、総トン数約 6,500 トン）が搭載している武器は 40mm 砲である。
　海上保安庁も大型巡視船を新たに建造するなど海上保安体制の強化を進めている。しかし、日本が中国と同じ速さ・同じ隻数で大型巡視船を増やしていくことは不可能である。大型巡視船の建造や海上保安官の養成（教育・訓練）には資金と時間がかかる。大型巡視船の建造後、補修、修繕、乗組員や燃料を安定的に確保できるかという課題もある。
　尖閣諸島をめぐる現在のような状況がいつまで続くか分からない。10 年後や 20 年後の持続可能性を考慮しながら、中国に対する量的均衡を追求するのではなく、日本は日本のやり方で、さまざまな工夫をしながら、海上法執行体制の維持・強化を進めていく必要がある。

3-5　中国海警法とは
　中国海警法は行政法理論にいう組織法と作用法の双方の性格を有する法律である。中国海警がどのような機関でどのような権限行使をおこなうことができるかについて規定している。

3-5-1　中国の管轄海域　国連海洋法条約を離れた独自の海域主張
　中国海警法の適用範囲は「中華人民共和国の管轄海域」（3 条）である。中国

海警法 3 条は次のように規定している。

「海警機関が中華人民共和国の管轄海域（以下「我が国管轄海域」という。）
及びその上空において海洋権益擁護法執行業務を展開するとき、本法を適
用する。」

中国の管轄海域が地理的にどこまでの広がりを有する海域なのか、国連海洋
法条約が沿岸国に主権や管轄権を認めている内水、領海、排他的経済水域、大
陸棚までの海域であるのか、それともこれらの海域を越えて中国が独自に主張
している海域も含まれるのか、条文からは明らかではない（図 3-4 参照）。

ただ、草案段階では中国管轄海域を「中華人民共和国の内水、領海、接続水
域、排他的経済水域、大陸棚及び中華人民共和国が管轄するその他の海域」
（草案 74 条(2)）と定義していた。国連海洋法条約が沿岸国に主権や管轄権を認
めている諸海域に「中華人民共和国が管轄するその他の海域」が追加されてい
る。この定義からは中国が国連海洋法条約を離れて独自の海域主張を行ってい
ることが分かる。

中国は、国連海洋法条約は国際海洋法のすべての事項を規律するものではな
く、その射程は「限定的」であるとの理解にたつ。フィリピンが開始した南シ
ナ海仲裁事件の仲裁手続きに関連して、中国は、南シナ海の九段線の内側で有
する「歴史的権利」は条約の採択に先行して確立したのであり、国連海洋法条
約は先行して確立したそのような権利を否定することはできないと主張した。
2016 年 7 月に示された仲裁判断は中国の「歴史的権利」主張の法的効果を否
定した（1-4-4 参照）。

国連海洋法条約を離れた独自の主張が仲裁判断で退けられたにもかかわらず、
中国はその主張を維持している。

また、中国の海洋関係の他の法律、たとえば、1999 年に改正草案が採択され、
2000 年に施行された「中華人民共和国海洋環境保護法」は、その適用範囲に
ついて、「本法の適用範囲は中国の内水、領海、接続水域、排他的経済水域、
大陸棚および中国が管轄するその他の海域である」（同法 2 条）と規定している。
改正前の海洋環境保護法は中国が国連海洋法条約の締約国となる前に採択され
（同法の採択は 1982 年、中国は 1996 年に国連海洋法条約を批准した）、排他的経済水
域と大陸棚の意で「中国が管轄するその他の海域」を適用対象の海域として規
定していた。しかし、改正後の同法で排他的経済水域と大陸棚を適用範囲とす

ることを明記したにもかかわらず、「中華人民共和国が管轄するその他の海域」の文言は残った。

この点について、海洋環境保護法の改正に携わった中国の国際法研究者によって、いかなる海域が「中華人民共和国が管轄するその他の海域」にあたるか不明であるとの批判がなされている。中国が国連海洋法条約を離れた独自の海域主張に強いこだわりがあることが分かる。

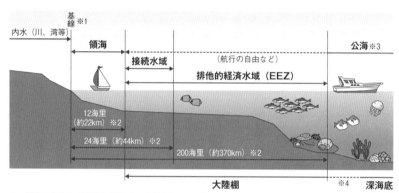

※1 通常の基線は、沿岸国が公認する大縮尺海図に記載されている海岸の低潮線とされ、その他一定の条件を満たす場合に直線基線、湾の閉鎖線および河口の直線などを用いることが認められている。
※2 領海、接続水域およびEEZの範囲は、図中に示された幅を超えない範囲で沿岸国が決定する。
※3 国連海洋法条約第7部（公海）の規定はすべて、実線部分に適用される。また、航行の自由をはじめとする一定の事項については、点線部分に適用される。
※4 大陸棚の範囲は基線から原則として200海里までであるが、大陸縁辺部の外縁が領海基線から200海里を超えて延びている場合には、延長することができる。ただし、基線から350海里あるいは2500メートル等深線から100海里を超えてはならない。基線から200海里を超える大陸棚は、国連海洋法条約に基づき設置されている「大陸棚の限界に関する委員会」の行う勧告に基づき設定する。深海底は、大陸棚の外の海底およびその下である。

図 3-4　国連海洋法条約における海域区分
（外務省 HP 上の情報より）

3-5-2　中国海警による外国政府の軍艦・公用船舶に対する強制的措置

中国海警の海上法執行活動については、中国海警法第4章「海上行政法執行」と第5章「海上犯罪捜査」に詳細に規定されている。これらの規定は世界各国の海上法執行機関の組織法・作用法に関する調査・研究の成果と考えられる。

中国海警法21条は中国管轄海域における外国政府の軍艦・公用船舶に対する強制的措置（forcible measures）について規定している。中国海警法21条は次のように規定している。

　「外国の軍用船舶及び非商業目的で用いられる外国政府船舶の我が国管
　轄海域における我が国の法律、法規に違反する行為に対しては、海警機関
　はそれを制止するために必要な警戒及び制御の措置を執り、関係の海域を
　直ちに離脱するよう命令する権限を有する。これを拒絶して離脱せず、重
　大な危害又は脅威を引き起こすものに対しては、海警機関は強制的に駆逐
　し、又は強制的に引き離す等の措置を執る権限を有する。」

3-5-3　外国政府の軍艦・公用船舶が享受する免除

　国家の行為は他国の執行管轄権や司法管轄権の対象とならない。これは、国
家平等原則から派生する「対等者間に支配権なし」との考えをもとに、19世
紀初頭からの国内判例や国家実行を通して確立を見た国際法上の原則である。
「主権免除」（あるいは「国家免除」）と呼ばれている考え方である。

　国際法上、外国政府の軍艦と非商業目的の公用船舶は免除を享受する。免除
の範囲については、立法管轄権の行使からの免除は含まれず、執行管轄権の行
使からの免除にとどまる。すなわち、外国政府の軍艦と公用船舶の行為に対し
て旗国以外の国の国内法令を適用することはできるが、当該適用の結果として
得られる法的評価をふまえて船舶の拿捕や自国の港への引致などの執行管轄権
を行使することは許されない。

　軍艦の免除が最初に示されたのは1812年のスクーナ船エクスチェンジ号事
件・米国連邦最高裁判所判決である。本件は、フランスによって公海上で捕獲
され、フランス海軍に編入された船が海難による破損の修理のために米国に入
港したところ、私人（米国国民）が自らの所有する船であると主張して、米国
の裁判所に所有権の確認と同船の返還を求めて提起した訴訟である。連邦地裁
は原告の請求を斥けたが、控訴審では請求が認められ、連邦側によって最高裁
に上告された。連邦最高裁は、「武装公船はその国の一部であり、主権者の直
接の指揮の下で行動し、主権者によって国家的目的のために用いられる。主権
者は国家的目的が外国からの干渉によって害されないようにするための多くの
理由を有している。このような干渉は主権者の権力と威信に多大な影響を及ぼ
すからである。したがって、武装公船が友好国の港湾に入ることへの黙示的な
許可は、沿岸国の主権者による管轄権の行使から免除されることを含むものと
して解することができるし、そのように解するべきである」（傍点は筆者による

挿入）と述べて、上告を棄却した。

　本件判決は軍艦の免除を認めた。ただ、軍艦の旗国と寄港国の「友好関係」を前提とした判断であることに留意する必要がある。

　第二次世界大戦後、国連は国際法の法典化（国際慣習法の明文化）を図ることとし、国連国際法委員会がその一つとして海洋法についての条約草案の作成に着手した。国連総会は 1958 年 2 月からジュネーブで第一次国連海洋法会議を開催し、いわゆる「ジュネーブ海洋法四条約」を採択した。この会議では軍艦が絶対的な免除を享受することについては特段議論されなかった。他方で、政府公用船舶の免除の範囲については、絶対的な免除の考え方に立つソ連と、制限的な免除の考え方に立つ米英を中心とする資本主義国との間で多くの議論が交わされた。最終的には、投票により、非商業目的の政府公用船舶についてのみ免除を認め、商業用の政府公用船舶には免除を認めないこととなり、ジュネーブ海洋法四条約の一つである「公海に関する条約」（公海条約）に盛り込まれた。

　公海条約は 1958 年 4 月に採択され、1962 年 9 月に発効した。日本は 1968 年 6 月に加入書を寄託し、同年 7 月に日本について効力が発生した。

　公海条約 9 条は次のように規定している。

　　「国が所有し又は運航する船舶で政府の非商業的役務にのみ使用されるものは、公海において旗国以外のいずれの国の管轄権からも完全に免除される。」

　公海条約 9 条の規定は、第三次国連海洋法会議において何ら議論されることなく、そのままの文言で国連海洋法条約 96 条に引き継がれた。

　2012 年の国際海洋法裁判所（ITLOS）「アルゼンチン海軍練習艦 ARA Libertad 事件」暫定措置命令において、ITLOS は、軍艦の免除について規定した国連海洋法条約 32 条は地理的な適用範囲を明記していないとしたうえで、国連海洋法条約 29 条の軍艦の定義を引用し、軍艦はその国の旗を掲げて航行する国（軍艦の旗国）の主権を体現するものであり、一般国際法上、軍艦は内水においても免除を享受すると述べた。

　沿岸国が外国軍艦等に対して領海外への退去要求を行い、それに従わない外国軍艦等に強制的措置を講じることができるかについては議論があるところである。この点は、たとえば、領海内で外国の潜没潜水艦を発見し、浮上航行と

領海外への退去を要求したものの、同潜水艦がそれに応じない場合の対応について問題となる。

　学説では、軍艦等による免除享受との関係でこれを否定的に解し、沿岸国は軍艦等に対して退去要求と軍艦等の旗国の国際法上の責任（国家責任）の追及をできるにとどまるとする説が多い。他方で、軍艦等による免除享受は、国家間の友好関係、国際法や沿岸国法令の遵守を前提としていることから、これらに反する軍艦等による免除の享受を否定し、国際法上の免除規則にとらわれることなく、沿岸国が執行管轄権を行使することも許されるとする説もある。

　筆者は後者の説をとる。ただ、領海にある外国軍艦等による活動が「無害ではない」と評価できるにとどまらず、国際法違反であるとの評価もできるのであれば、沿岸国が国連海洋法条約 25 条 1 項に基づく保護権の行使として、また国内法上は警察比例の原則に基づいて、執行管轄権の行使による対応をとるよりも、国際法上の責任法に基づく対応（対抗措置の発動を含む）をとることに重きを置くべきという考えである（5-9 参照）。

3-5-4　中国海警法 21 条の評価

　国際法上、外国政府の軍艦と公用船舶は免除を享受できることから、中国海警法 21 条はその運用を待たず制定の段階で国際法違反であると評価する論者も多い。ただ、同条に基づく執行措置が、中国領海にある中国以外の国を旗国とする軍艦等の活動の「無害ではない」との評価をふまえた国連海洋法条約 25 条 1 項に基づく保護権の行使にとどまるのであれば、国際法違反とはいえない。

　国際法上、外国政府の軍艦と公用船舶に対する保護権の行使としていかなる措置が許容されるかを精査したうえで、中国海警法 21 条を評価する必要がある。

　いずれにせよ、国際法上の免除規則との整合性への疑義を呈されることが想定されるにもかかわらず、中国がなぜあえて海警法 21 条のような規定をしたのか、その意図はよく分からない。

　なお、尖閣諸島周辺の日本領海における日本政府による中国海警船に対する進路規制等の措置は、一般的に、日本領海で外国政府の軍艦と公用船舶は無害通航権を有するとの立場を採用したうえで（参考資料 1）、日本領海における中

国海警船の活動（中国国内法令に基づく法執行活動）は「無害ではない」（国連海洋法条約 19 条 2 項(1)）と評価し、当該活動に対する保護権の行使として行われている。

　領海における無害通航権とは、外国船舶が、領海の沿岸国の法益を侵害しないことを条件に、沿岸国の事前の許可を得ることなく、領海を通航する権利である。領海における無害通航権は、船舶の航行利益と沿岸国の法益の確保という 2 つの要請のバランスをとりながら歴史的に形成されてきた。領海における無害通航権が商船のみでなく外国軍艦等にも認められるかについてはかねてから議論があり、国連海洋法条約でもこの問題に明確なかたちで決着が図られたとはいえない。各国の対応は、日本のように自国領海における外国軍艦等の無害通航を認める国、中国のように外国軍艦等の通航に際して事前の許可あるいは通告を求める国など様々である。

3-5-5　中国海警による有形力の行使

　中国海警法 22 条は中国海警による「武器の使用」について次のように規定している。

　　「国家主権、主権的権利及び管轄権が海上においてまさに外国組織及び
　　個人の不法な侵害を受け又は不法な侵害を受ける差し迫った危険に直面し
　　たとき、海警機関は本法や関係の法律、法規に基づき、武器の使用を含む
　　一切の措置を執ってその侵害を制止し、危険を排除する権限を有する。」

　国際法上、海上での法執行活動における武器の使用は、当該法執行活動の実効性を担保するために必要で合理的な範囲内のものであれば許容される（5-7 参照）。中国海警法 22 条等の武器使用規定は、基本的には、法執行活動の実効性を担保するための「武器の使用」に関する国際法規範をふまえたものである。

　ただ、中国海警法 22 条には問題点もある。同条は中国の「国家主権」を侵害する行為に対する「武器の使用」についても規定している。これは、状況によっては、国家間紛争における「武力の行使」にあたり、敵国の軍事力を破壊するために用いられる。前者は法執行活動における有形力（物理的な力）の行使であり、後者は軍事活動におけるそれである（5-5 参照）。国際法における位置付けや目的がまったく異なる二つの有形力の行使を一つの条文で規定している。中国海警法は注意深く読む必要がある。

3-5-6　中国海警による軍事活動

中国海警法では 22 条以外にも「国家主権」への言及がみられる（1 条、12 条一号など）。「国家安全保障」や「防衛」への言及もみられる（4 条、5 条、12 条二号など）。中国海警法 83 条は「海警機関は中華人民共和国国防法、中華人民共和国人民武装警察法等の関係法令、軍事法規及び中央軍事委員会の命令に基づき防衛作戦等の任務を執行する」と規定している。

中国海警法は、中国海警が中国の対外的な主権が侵害される事態に対処する権限を有すること、すなわち軍事活動を行う権限を有することを明文で規定している。

3-6　あいまいさに備える

中国海警法の制定により、中国海警がいかなる機関でいかなる権限を有するのかがみえてきた。中国海警は法執行機関としての権限と軍事機関としての権限の両方を有する機関である。そして、中国海警船がいずれの権限での活動を行っているのかは外観からは判別できない。中国海警は現場海域で対峙する側の判断を迷わせ、事態対処に遅れを生じさせ、そのあいまいさをもって優位に立とうとする。現場最前線の「霧」はますます濃くなる。

日本は中国が海警法で企図している戦略を読み取り、尖閣諸島で想定しうる事態を微細に洗い出し、それぞれの事態に適切かつ実効的に対処できるように備えを進めていく必要がある。

日本政府はこれまで尖閣諸島周辺海域での事案・事態に「冷静かつ毅然と対処する」と繰り返し述べてきた。いまその実質が問われている。日本の対処のあり方を同じく中国海警と対峙する各国が注視している。

〈主要参考文献〉

① Jeanette Greenfield, 1992, *China's practice in the law of the sea*, Clarendon Press.

②杉原高嶺, 1997,「政府船舶に対する裁判権免除の展開」『法学論叢（京都大学）』140巻3・4号, pp. 1-26.

③真山全, 2007,「領海にある外国軍艦に対する強力的措置に関する覚書」『国際安全保障』35巻1号, pp. 45-55.

④ Zou Keyuan, 2005, *China's Marine Legal System and the Law of the Sea*, Martinus Nijhoff.

⑤西倉一喜, 2015,「中国領海法制定過程についての再検証「尖閣諸島」明記をめぐる内部対立」『龍谷法学』48巻1号, pp. 189-218.

⑥坂巻静佳, 2015,「軍艦その他の政府公船に対し保護権の行使としてとりうる措置」『日本海洋政策学会誌』5号, pp. 48-60.

⑦國吉まこも・佐々木貴文, 2019,「領土編入以前におこなわれていた尖閣諸島の漁業開発」『地域漁業研究』59巻1号, pp. 48-55.

⑧ Yongming Jin, 2021, "The United Nations Convention on the Law of the Sea and China's Practice," in Tamada Dai & Zou Keyuan (eds.), *Implementation of the United Nations Convention on the Law of the Sea*, Springer Singapore, pp. 41-64.

⑨坂元茂樹, 2023,「中国海警法の管轄権行使への対応」奥脇直也・坂元茂樹編『海上保安法制の現状と展開』（有斐閣）, pp. 4-19.

⑩益尾知佐子, 2023,「東シナ海 緊張関係の最前線」高原明生ほか編『日中関係：2001-2022』（東京大学出版会）, pp. 201-228.

〈関連の拙稿〉

① Tsuruta Jun, "'Acquiescence' and the Senkaku Island Debate: China's long postwar silence undermines its claim to sovereignty," *The Diplomat*, July 15, 2018.

② Tsuruta Jun, "The Chinese Coast Guard and the Senkaku," *The Diplomat*, December 30, 2020.

③ Tsuruta Jun, "China's ambiguous coast guard law a challenge for Japan," *The Japan Times*, April 6, 2021.

④ Tsuruta Jun, "Japan's Nationalization of the Senkaku Islands: 10 Years On," *The Diplomat*, September 2, 2022.

本章は次の拙稿を大幅に加筆・修正したものである。

　鶴田順, 2021,「日本は尖閣諸島周辺で中国海警にどう備えるか」『アジア・パシフィック・イニシアティブ（API）地経学ブリーフィング』45号（2021年3月22日）.

　鶴田順, 2022,「「尖閣資料ポータルサイト」掲載資料で読み解く尖閣諸島」（内閣官房 領土・主権対策企画調整室 HP「尖閣諸島 研究・解説サイト」に掲載）.

第4章　西太平洋に進出する中国
「沖ノ鳥島」の地理的・戦略的重要性

4-1　沖ノ鳥島とは

　沖ノ鳥島は日本の最南端の領土で、北緯20度25分、東経136度04分に位置する。日本で唯一北回帰線の南にある領土である。香港や台湾よりも南にあり、ハワイとほぼ同じ緯度にある。沖ノ鳥島はいずれも米軍基地のある沖縄本島とグアム島のほぼ中間に位置する。

　沖ノ鳥島は東西の長さは約4.5キロメートル、南北の長さが約1.7キロメートル、外周は約11キロメートルの細長い円形のサンゴ礁島である。沖ノ鳥島には北小島と東小島という2つの海洋地形があり、満潮時に海面に露出している。

沖ノ鳥島の全景
（国土交通省関東地方整備局京浜河川事務所HP上の情報より）

　日本政府は、沖ノ鳥島は歴史的に島としての地位が確立しており、同島を基点にして排他的経済水域（EEZ）を設定することができると考えている（図4-1参照）。

　日本政府は1922年に沖ノ鳥島に海軍の測量船「満州号」を派遣して初めて

調査を行い、1931 年に内務省告示により東京都小笠原支庁に編入した。

　日本は 1977 年に「漁業水域に関する暫定措置法」（昭和 52 年（1977 年）5 月 2 日法律 31 号）を制定し、沖ノ鳥島の低潮線を基線として、基線から 200 カイリに及ぶ海域に漁業に関する管轄権を有する海域として「漁業水域」（いわゆる「漁業専管水域」）を設定した。

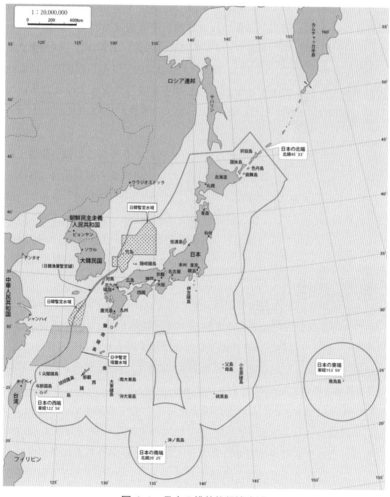

図 4-1　日本の排他的経済水域
（全国漁業協同組合連合会（JF 全漁連）の HP 上の情報「教えてお魚」より）

また 1996 年に国連海洋法条約の批准にあわせて「排他的経済水域及び大陸棚に関する法律」(平成 8 年 (1996 年) 法律 74 号) を制定した。沖ノ鳥島についても、同島の低潮線を基線として、基線から 200 カイリに及ぶ海域に EEZ を設定した。

2007 年 3 月には、船舶の航行安全や漁船の安全操業などのために沖ノ鳥島に設置した灯台の運用を開始した。

4-2 日本の大陸棚延長申請

国連海洋法条約は、「大陸棚の限界に関する委員会」(CLCS) による審査で大陸棚が 200 カイリ (約 370km) を超えて地形・地質的につながっていると認められた場合には、200 カイリを超えて大陸棚を設定することができると規定している (76 条 8 項)。

CLCS は 200 カイリを超える大陸棚の延長に関して沿岸国が提出した科学的・技術的データを検討し、勧告を行う。

日本は 1983 年から大陸棚の調査を開始し、2008 年に CLCS に大陸棚の延長を申請し、2012 年に CLCS の勧告を受領した。CLCS の勧告では、日本が申請した 7 つの海域のうち、4 海域について延長が認められ、日本の国土面積の約 8 割に相当する約 31 万平方キロメートルの延長が認められた。

日本は勧告を受けて、「沖大東海嶺南方海域」と「四国海盆海域」の 2 海域について、延長大陸棚の範囲を定める政令 (「排他的経済水域及び大陸棚に関する法律第二条第二号の海域を定める政令」) を制定し、2012 年 10 月に施行した。これにより、沖大東海嶺南方海域の約 0.3 万平方キロメートルと四国海盆海域の約 17.4 万平方キロメートルの合計 17.7 万平方キロメートルの大陸棚が拡大された。同じく延長が認められた「南硫黄島海域」と「小笠原海台海域」の 2 海域については、アメリカの北マリアナ諸島を基点とした延長大陸棚と重複する可能性があるため (その場合はアメリカ政府との間で大陸棚の境界画定交渉が必要となる)、現時点では日本の大陸棚とはなっていない。「南鳥島海域」と「茂木海山海域」の 2 海域については、日本の申請どおりには勧告がなされなかった。

4-3 日本の申請に対する中国および韓国の口上書

沖ノ鳥島の南に位置する「九州パラオ海嶺南部海域」については、中国政府

と韓国政府による口上書で言及された事項、すなわち、沖ノ鳥島の国際法上の地位（「島」か「岩」か）に関する問題が解決されるまで、CLCS は同海域について勧告を出すための行動をとる状況にはないとして勧告が先送りされた。

　CLCS は、「向かい合っているか又は隣接している海岸を有する国の間における大陸棚の境界画定の問題」に影響を及ぼさないように行動する（国連海洋法条約 76 条 10 項）。ただ、中国と韓国は、日本の申請海域の相対国でも隣接国でもない。

　中国政府は、国連事務総長に宛てた 2009 年 2 月 6 日付の口上書（CML/2/2009）において、「いわゆる沖ノ鳥島は、実際には、国連海洋法条約 121 条 3 項で規定されている岩である」、「沖ノ鳥岩は、利用可能な科学的データによれば、自然の状態では人の居住や独自の経済生活を維持することはできず、それゆえ EEZ と大陸棚を有することはできない」と述べた。

　また韓国政府も、国連事務総長に宛てた 2009 年 2 月 27 日付の口上書（MUN/04/09）において、「沖ノ鳥島は国連海洋法条約 121 条 3 項で規定されている岩であるので、領海の幅を測定する基線から 200 カイリを越えた大陸棚を有することはできない」と述べた。

　仮に、中国政府と韓国政府が主張するように、沖ノ鳥島は国際法上「島」ではなく「岩」で、沖ノ鳥島を基点として EEZ と大陸棚を設定することが許されない場合、沖ノ鳥島の周辺海域の日本の EEZ と大陸棚である海域は純然たる公海となる。つまり、沖ノ鳥島を中心とする西太平洋海域において、各国が「公海の自由」に基づき漁獲活動（国連海洋法条約 87 条 1 項(e)）、人工島の建設（国連海洋法条約 87 条 1 項(d)）、「海洋の科学的調査」（MSR）（国連海洋法条約 87 条 1 項(f)と 257 条）などの活動を自由に行うことができるということになる。

　中国政府と韓国政府は沖ノ鳥島を日本の領土であるとすることに異議を唱えているわけではない。両国政府は、日本が沖ノ鳥島の周辺海域に設定している広大な EEZ と大陸棚、さらに 200 カイリを超えて延長しようとしている広大な大陸棚に異議を唱え、日本がこれらの海域に主権的権利や管轄権を行使することに異議を唱えている。

　EEZ の沿岸国は、海の天然資源（海洋生物資源と海底鉱物資源）に対する主権的権利を有し、MSR、人工島などの設置・利用、海洋環境の保護・保全を規制する管轄権を有する（国連海洋法条約 56 条）。

4-4　西太平洋海域への中国の進出

　中国は 1970 年代から南シナ海に、80 年代からは東シナ海に進出し、そして 21 世紀に入ってからは西太平洋に進出している。中国は、西太平洋の中心にある沖ノ鳥島の周辺海域において、MSR や軍事演習を頻繁に行っている。

　近年では、2020 年 7 月 9 日、海上保安庁巡視船が、沖ノ鳥島の北北西約 310 キロメートルの日本の EEZ において、中国の海洋調査船が観測機器を海中に投入しているのを確認した。EEZ の沿岸国の同意を得ずに行われる MSR は国際法違反（国連海洋法条約 246 条 2 項が規定する義務の違反）である（4-5 参照）。海上保安庁は、中国の調査船に対して、「我が国の排他的経済水域において、我が国の事前の同意のない調査活動は認められない。調査の中止を求める」とする警告と要求を行った。中国の調査船は観測機器を揚収したが、日本の EEZ の別の海域に移動して再び観測機器を海中に投入するなどの行動を繰り返し行った後、同年 7 月 27 日に日本の EEZ から出域した。

　西太平洋海域には米国海軍の原子力潜水艦の基地のあるグアム島がある。中国は、沖ノ鳥島は、国際法上「島」ではなく「岩」とすることで、沖ノ鳥島周辺の日本の EEZ における MSR に関する日本による管轄権行使を否定し、同島周辺海域において海底地形、水温や潮流などのデータ収集を自由に行い、それにより、台湾有事などの局面における米国海軍の出撃を確実に阻止することを企図しているものと考えられる。

4-5　国連海洋法条約による EEZ における「海洋の科学的調査」の規律

　国連海洋法条約 56 条 1 項によって EEZ の沿岸国に付与された MSR に関する管轄権について、同条約 246 条 1 項は「沿岸国は、自国の管轄権の行使として、この条約の関連する規定に従って排他的経済水域及び大陸棚における海洋の科学的調査を規制し、許可し及び実施する権利を有する」と規定している。また同条約 246 条 2 項は、EEZ において MSR を実施しようとする国（者）は「沿岸国の同意を得て実施する」という義務を規定している。

　他方で、沿岸国は、国連海洋法条約 246 条 3 項によって、「専ら平和的目的で、かつ、すべての人類の利益の為に海洋環境に関する科学的知識を増進させる目的で実施する」MSR については、「通常の状況においては、同意を与える」ことを義務づけられている。

「通常の状況（normal circumstances）」とは、同意申請のあった MSR の計画の内容についてではなく、MSR 計画を申請した国と EEZ の沿岸国の関係（武力紛争のような差し迫った危険のある状態にあるかなど）、また当該 EEZ の沿岸国の一般的な政治的状況についてである。

もっとも、国連海洋法条約 246 条 5 項によって、同意申請のあった MSR の計画が、「天然資源（生物であるか非生物であるかを問わない。）の探査及び開発に直接影響を及ぼす場合」や「大陸棚の掘削、爆発物の使用又は海洋環境への有害物質の導入を伴う場合」などについては、沿岸国の裁量により同意を与えないことができる。

EEZ における MSR は、公海における MSR と同様、基本的には、各国が自由に行うことができる。国連海洋法条約 246 条が設定している「同意レジーム」の手続きは、EEZ の沿岸国が排他的に有する資源権の侵害が生じる可能性の有無を確認することを主たる目的とする手続きである。

国連海洋法条約 248 条によれば、EEZ において MSR を実施しようとする国は、計画の性質および目的、使用する方法および手段、正確な地理的区域、調査日程等、同条に規定されている 6 項目について、「調査の計画の開始予定日の少なくとも 6 ヶ月前に」沿岸国に対して「十分な説明」を提供する義務があるとされる。こういった情報は、同意を与える沿岸国が、当該 MSR がどのような内容のものであるのかを把握するために必要となる情報であり、場合によっては更なる情報提供を求める場合もある。

しかしながら、国連海洋法条約 255 条が、MSR を「促進し及び容易にするため合理的な規則及び手続きを定めるよう努力する」義務を規定していることから、MSR の実施が事実上困難となる程度にまで資料の提出や説明を求めることは許されない。

沿岸国に事前に提供された計画等に従って MSR が実施されていない場合や、国連海洋法条約 249 条に規定されている MSR の実施に係る条件を遵守していない場合には、沿岸国は国連海洋法条約 253 条 1 項(a)に基づいて、MSR の一時的な中断である「停止」を命令することができる。

さらに、MSR 実施者が停止要求の根拠となっている状態を「合理的な期間内に是正しない場合には」、沿岸国は国連海洋法条約 253 条 3 項に基づいて、MSR の「終了」を命令することができる。

4-6　海洋の科学的調査を規制する国内法の整備の必要性

　日本にとって重要なことは、沖ノ鳥島周辺の日本の EEZ で中国に自由に調査活動をさせないこと、そのために、日本の EEZ での MSR を日本の法律によって規制すること、当該規制の執行を確保するために沖ノ鳥島周辺海域での哨戒を強化すること、そして、沖ノ鳥島の「島」としての地位を維持するために適切に管理することである。

　沖ノ鳥島は、今後、気候変動による海面上昇で水没してしまう可能性もある。沖ノ鳥島が水没した場合、日本は同島を基点とした EEZ と大陸棚を維持できなくなり、これらの海域の海洋生物資源（カツオ・マグロ類など）と海底鉱物資源（マンガン団塊やメタンハイドレートなど）に対する主権的権利などを失うこととなる。

　日本の EEZ での MSR の規制について、現在は日本の国内法で EEZ における MSR を直接に規制する国内法は存在せず、1996 年 7 月 20 日付けの日本政府関係省庁合意「我が国の領海、排他的経済水域又は大陸棚における外国による科学的調査の取扱いについて」（ガイドライン）に基づき、MSR 実施国（者）に対して、調査開始予定日の 6 ヶ月前までに、外交ルートを通じた事前の同意申請を求めて、調査の可否を判断している。このガイドラインについては、2011 年 3 月に日本政府の総合海洋政策本部によって、ガイドラインに基づく事前の同意申請に係る制度を適切に運用しつつ、ガイドラインの見直しをはじめ制度の整備について関係府省が連携して検討していくことが決定されている。

　2009 年以降、日本の領海または EEZ では、毎年約 30 件の外国船舶（外国政府の公船を含む）による MSR が日本政府によって確認されているが、そのうちの約 10 件が、ガイドラインに基づく事前の同意申請のない MSR、あるいは、事前の同意申請があり同意を付与しているが、事前の同意申請とは異なる海域あるいは異なる内容で行われているなど何らかの問題のある MSR である。なかには、エアガンとストリーマーケーブルを使用するなど、海底鉱物資源探査の疑いのある活動もある。海上保安庁はこれらの何らかの問題のある MSR を行う外国船舶に対して、現場海域で当該活動の停止要求などを行っている。

　中国政府が日本の EEZ における海上保安庁による MSR に対して停止を要求するという事案も発生している。2010 年 5 月 3 日に、中国政府の中国国家海洋局海監東海総隊所属の公用船舶「海監 51」（1,690 トン）が、東シナ海の日中

中間線付近の日本側 EEZ・奄美大島北西沖約 320km の海域において MSR を実施していた海上保安庁海洋情報部所属の測量船「昭洋」（約 3,000 トン）に対して、当該海域には中国の国内規制の適用があると主張し、海上保安庁測量船に対して MSR の停止を要求するとともに、測量船に接近し追尾するという事案が発生している。

　2012 年 8 月の「海上保安庁法」（昭和 23 年（1948 年）法律 28 号）の一部改正で 2 条の任務規定と 5 条の所掌事務規定に追加された「海上における船舶の航行の秩序の維持」という規定は、日本の EEZ で事前通報なく行われている MSR の停止要求など、国際法に照らして否定的な評価（国連海洋法条約上の義務の違反など）ができる外国船舶の活動に海上保安庁が対処する際の組織法・作用法上の根拠の明確化を図ったものである。

4-7　海底鉱物資源探査の疑いのある活動の規制　2011 年の鉱業法改正

　海底鉱物資源探査の疑いのある活動については、2011 年 7 月に一部改正された「鉱業法」（昭和 25 年（1950 年）12 月 20 日法律 289 号）によって規制されている。鉱業法は法定鉱物に対する支配権を国に帰属させ、国が独占的に付与する鉱業権（試掘権と採掘権）を得た者のみが法定鉱物を採掘できる制度を採用している。

　改正前の鉱業法も海域での鉱物資源の開発（試掘権と採掘権の行使）に適用があるとされていたが、外国船舶による鉱物資源の探査を規制する明文規定がないなど、海域での鉱物資源の探査・開発を想定した規定にはなっていなかった。

　そこで、2011 年の一部改正では、同法第 4 章に「鉱物の探査」に関する章を新設し（第 4 章の 2）、100 条の 2 第 1 項で「鉱物の探査（鉱物資源の開発に必要な地質構造等の調査（鉱物の掘採を伴わないものに限る。）」を行おうとする者は経済産業大臣に申請してその許可をうけなければならないこととし、「100 条の 3」で探査の許可基準を定め、基準に適合していると認めるときでなければ「許可してはならない」と規定した。無許可で探査を行った者は「五年以下の懲役若しくは二百万円以下の罰金」に処せられると規定した（148 条一号）。また、経済産業大臣は、100 条の 2 第 1 項に違反して探査の許可を受けずに探査を行っている者に対し、当該違反行為に係る作業の中止などを命令することができ（100 条の 6）、この命令に違反した者も「五年以下の懲役若しくは二百万

円以下の罰金」に処せられると規定した（148条三号）。さらに、経済産業大臣は、鉱業法の施行に必要な限度において、その職員に探査を行う者の船舶に立ち入り、検査させ、関係者に質問させることができ（144条2項）、検査を忌避した者や虚偽の報告をした者も「三十万円以下の罰金」に処せられると規定した（150条七号および八号）。

　「資源探査（物理的探査）」は、海底など地下の物理的特性を測定することにより、海底の地形、海底下の地殻構造、鉱物資源の存在などを把握するものである。代表的な物理的探査手法は、「地殻構造探査（地震波探査）」、すなわち、エアガンなどで船から圧縮空気を発して人工的に地震波を発生させ、海底下の地中を通過・反射して戻ってきた地震波を多数のマイクを内蔵した数キロメートルに及ぶストリーマーケーブルで受信することで海底下の地殻構造を二次元あるいは三次元で把握する探査手法である。

　国連海洋法条約の起草過程において、海洋環境に関する知見の増進を目的とする基礎的な調査と海底の鉱物資源の「開発（exploitation）」のためにその存在や位置等を把握することを目的とする応用的な調査は区別され、前者は MSR、後者は「資源探査（resource exploration）」にあたり、それぞれ異なる規律に服するとされた。前者は国連海洋法条約第13部によって、後者は EEZ についての第5部によって規律される。

　しかしながら、実際には基礎的な調査と応用的な調査の境界はあいまいで、用いられる機材、技術や方法も同一の場合が多く、外観から MSR と資源探査のどちらに該当するかを判断するのは困難である。外観から「偽装されたMSR」を判別するのは容易ではない。

　2011年に一部改正された鉱業法による規制の実効性を担保するためには、MSR と主張して何らかの活動を行う船舶に対して現場海域で執行措置を講じること、具体的には船舶への立入検査や実施者への質問を行う必要がある。

〈主要参考文献〉
①田中則夫，1999，「EEZ における科学的調査の停止・終了要求」『海洋の科学的調査と海洋法上の問題点』（日本国際問題研究所），pp. 1-12.
②龔迎春，2006，「無人島に関する中国の立場 国内法上の対応と国際的な立場」『平成17年度 中国の海洋政策と法制に関する研究（海洋政策と海洋の持続可能な開発に関する調査研究 各国の海洋政策の調査研究報告書）』（財団法人シップ・アンド・オーシャン財団），pp. 66-71.
③中谷和弘，2008，「海底鉱物資源の探査・開発と国際法 海底熱水鉱床を中心として」『ジュリスト』1365 号，pp. 65-73.
④古賀衞，2010，「大陸棚の延伸をめぐる手続的諸問題」『西南学院大学法学論集』42 巻3・4 号，pp. 47-74.
⑤平松茂雄，2011，「中国海軍の西太平洋進出と沖ノ鳥島」『公研（公益産業研究調査会）』49 巻 12 号，pp. 90-98.
⑥加地良太，2011，「沖ノ鳥島をめぐる諸問題と西太平洋の海洋安全保障 中国の海洋進出と国連海洋法条約の解釈を踏まえて」『立法と調査（参議院事務局）』321 号，pp. 127-144.
⑦中谷和弘，2012，「改正鉱業法がもたらす産業界への影響 国際法の視点から」『ジュリスト』1439 号，pp. 78-80.
⑧井内由美子，2013，「日本の大陸棚延長申請 他国からの意見表明と CLCS 勧告」『防衛法研究』37 号，pp. 87-97.
⑨交告尚史，2018，「海底資源開発と鉱業法改正」『法政法科大学院紀要』14 巻 1 号，pp. 1-13.
⑩石井由梨佳，2023，「沖ノ鳥島を起点とする排他的経済水域における外国海洋調査船への対応」奥脇直也・坂元茂樹編『海上保安法制の現状と展開』（有斐閣），pp. 69-81.

〈関連の拙稿〉
Tsuruta Jun, "China's Navy, the West Pacific and the Role of Okinotorishima," *The Diplomat*, January 30, 2021.

本章は次の拙稿を大幅に加筆・修正したものである。
鶴田順，2023，「西太平洋に進出する中国「沖ノ鳥島」の地理的・戦略的重要性」（日本国際フォーラム HP に掲載）.

コラム２　日本における国連海洋法条約の実施

2007 年の海洋基本法の成立

2007 年 4 月 20 日、参議院本会議において海洋基本法案が賛成多数で可決され、成立した。「海洋基本法」は、海洋政策を日本政府が各省庁の枠を超えて総合的に推進するために、総合海洋政策本部を内閣に設置し、海洋の開発・利用・保全を一体的に推進することなどを目的に、同年 4 月 27 日に法律 33 号として公布され、同年 7 月 20 日に施行された。

2008 年 3 月 18 日に海洋基本法 16 条に基づき「海洋基本計画」が閣議決定された。2013 年 4 月 26 日には最初の計画を策定した後の海洋をめぐる情勢の変化をふまえて新たな海洋基本計画（第 2 期海洋基本計画）が、2018 年 5 月 15 日には第 3 期海洋基本計画が、2023 年 4 月 28 日には第 4 期海洋基本計画が閣議決定された。

海洋基本法案には、海洋基本法の施行にあたり政府が配慮すべき事項として、衆議院国土交通委員会で可決される際には委員会決議が、参議院国土交通委員会で可決される際には附帯決議が付された。これら二つの決議はほぼ同じ内容で、ともに、海洋基本法の施行にあたっては、日本における国連海洋法条約の実施のための「国内法の整備がいまだ十分でない」（両決議）ことを考慮し、「海洋に関する我が国の利益を確保し、及び海洋に関する国際的な義務を履行するため」（両決議）、国連海洋法条約「その他の国際約束に規定する諸制度に関する我が国の国内法制を早急に整備すること」（両決議）について、「適切な措置を講じる」（参議院国土交通委員会附帯決議）べきであるとしている。

1996 年の国連海洋法条約批准時の国内法の整備

日本が 1996 年に国連海洋法条約を批准する際に行った代表的な国内法の整備（国連海洋法条約の規定をふまえて制定・改正された個別の法律の整備）としては、「領海及び接続水域に関する法律」（昭和 52 年（1977 年）法律 30 号）（領海法）の改正（以下、1996 年に改正された領海法を「新領海法」とする）と「排他的経済水域及び大陸棚に関する法律」（平成 8 年（1996 年）法律 74 号）（EEZ 法）の制定があげられる。これら二つの法律は、国連海洋法条約による海域の区分に対応して、領海、接続水域、排他的経済水域（EEZ）と大陸棚の各海域を設定し、各

海域における日本法令の適用について規定している。

　新領海法と EEZ 法の基本的な性格は、改正前の領海法と同様に、各海域の幅員法ともいうべきものである。たとえば、領海の定義や法的地位、領海における無害通航と「無害でない通航」の判断基準、領海の沿岸国としての日本による「保護権」の行使（3-5-4 参照）、EEZ の沿岸国としての日本による EEZ における漁業取締り権限の行使についての規定を欠いている。新領海法と EEZ 法は、内水、領海、EEZ と大陸棚の各海域における行政機関による権限行使の根拠法という性格は薄い。新領海法と EEZ 法は、基本的には、別途、漁業資源の保存・管理、海洋環境の保護・保全、船舶の航行安全の確保、出入国の管理、関税の賦課・徴収、海洋の科学的調査の規制などの分野ごとに個別の法律が整備され、当該個別法の存在を前提として、「海上保安庁法」（昭和 23 年（1948 年）法律 28 号）における「法令の海上における励行」、「海上における犯罪の予防及び鎮圧」あるいは「海上における犯人の捜査及び逮捕」という組織法・作用法上の規定を根拠に執行権限の行使がなされることを予定するものとなっている（1-7 参照）。

　日本が 1996 年の国連海洋法条約を批准する際に行われたこのような個別の法律の整備としては、たとえば、海洋環境の保護・保全について「海洋汚染等及び海上災害の防止に関する法律」（昭和 45 年（1970 年）法律 136 号）が改正された。国連海洋法条約 230 条が海洋環境保護のために制定された国内法令の外国籍船舶による違反行為について原則として「金銭罰のみを科することができる」と規定したことを受けて、当該違反行為についての懲役刑および禁固刑が廃止され、罰金額が引き上げられ、担保金等の提供による早期釈放制度（ボンド制度）が採用された。

　また、漁業資源の保存・管理については、「排他的経済水域における漁業等に関する主権的権利の行使等に関する法律」（平成 8 年（1996 年）法律 76 号）と「海洋生物資源の保存及び管理に関する法律」（平成 8 年（1996 年）法律 77 号）（TAC 法）が制定された。

　前者は、EEZ 法によって日本の周辺海域に EEZ が設定され、同海域における天然資源（生物資源を含む）に関する主権的権利を有することになったことを受けて、EEZ における外国人による漁業活動を規制するために制定された。

　後者は、海洋生物資源を 1 年間の総漁獲可能量（TAC）に基づいて管理する

ために制定された。

2018年に「漁業法」（昭和24年（1949年）法律267号）が70年ぶりに改正された。日本の漁業生産量が長期的な減少傾向にあることをふまえ、この減少傾向を止め、水産資源を持続的に利用できるように、水産資源の適切な保存管理に重きを置いた改正が行われた。

水産資源の保存管理には、魚種ごとの資源評価によるTACの設定以外にも、漁船の隻数や大きさの制限、魚の大きさや漁期などの制限、漁獲量の制限、漁船ごとに漁獲可能量を個別に割り当てる制度（IQ（Individual Quota）制度）など、さまざまな方法がある。

改正された漁業法のもとでは資源管理をTACに基づくことを基本とし、TACの設定によって資源管理が行われる魚種を増やすとしている。TAC設定魚種はこれまで8魚種（サンマ、スケトウダラ、マアジ、マイワシ、マサバ、スルメイカ、ズワイガニ、クロマグロ）にとどまっていたが、今後、漁獲量の約8割に拡大していくことを目指すとしている。

改正された漁業法によって水産資源の数量管理がひろく行われることになったことから、1996年の国連海洋法条約批准時に制定されたTAC法は2020年12月に廃止された。

1996年の国連海洋法条約批准後の国内法の整備

日本が国連海洋法条約の批准後に行った海洋関係の個別の法律の整備としては、2007年4月に海洋基本法と併せて成立した「海洋構築物等に係る安全水域の設定等に関する法律」（平成19年（2007年）法律34号）、2008年6月に成立した「領海等における外国船舶の航行に関する法律」（平成20年（2008年）法律64号）（外国船舶航行法）、2009年6月に成立した「海賊行為の処罰及び海賊行為への対処に関する法律」（平成21年（2009年）法律55号）（海賊対処法）、海賊多発海域（紅海、アデン湾およびアラビア海など）を航行する日本籍船舶において民間警備員による小銃を用いた警備の実施を認めるために2013年11月に成立した「海賊多発海域における日本船舶の警備に関する特別措置法」（平成25年（2013年）法律75号）がある。

また、国際連合安全保障理事会決議1874号の国内実施のための国内法整備として、2010年6月に「国際連合安全保障理事会決議第千八百七十四号等を

踏まえ我が国が実施する貨物検査等に関する特別措置法」（平成 22 年（2010 年）法律 43 号）（貨物検査法）が成立した。

2008 年の外国船舶航行法の制定

外国船舶航行法は、日本の領海における外国籍船舶による「無害でない通航」を規制するために、国連海洋法条約 19 条に規定された「無害」性ではなく、国連海洋法条約 18 条 2 項に規定された「通航」性に着目して規制することで、日本の領海等における外国籍船舶の航行の秩序を維持することを目的として 2008 年に制定された。

外国船舶航行法は、国連海洋法条約 18 条 2 項が「通航は、継続的かつ迅速に行わなければならない」と規定していることを根拠に、3 条で「領海等における外国船舶の航行は、（略）継続的かつ迅速に行われるものでなければならない」と規定し、航行のあり方を一般的に義務付けたうえで、4 条 1 項において、外国船舶の船長等は、領海等において、荒天、海難その他の危難を避ける場合等のやむをえない理由がある場合を除き、停留、びょう泊、係留、はいかい等を伴う航行をさせてはならないと規定している。

このように、外国船舶航行法は日本の領海等における外国船舶による「はいかい等」を規制している。ここ数年、尖閣諸島周辺の日本領海への中国海警船の侵入は常態化し、島を周回するような航行も行われている（3-1 参照）。ただ、同法が規制対象としている「外国船舶」からは外国政府の軍艦と公用船舶は除外されている（同法 2 条三号の「外国船舶」の定義規定）。

日本の領海等で領有権主張活動を行う外国籍船舶や遠方離島への不法上陸を企図して領海等を航行する外国籍船舶が増加していることを受けて、その一部を改正する法律（平成 24 年（2012 年）法律 71 号）が 2012 年に成立した。

2009 年の海賊対処法の制定

海賊対処法は、2000 年代後半のソマリア沖およびアデン湾の海賊行為の事案の多発・深刻化を受けて 2009 年に制定された。海賊対処法は、国連海洋法条約 101 条に規定された国際法上の海賊行為を日本の国内法においても犯罪とし、いかなる行為がいかなる要件を充足したときに日本の国内法上の犯罪となり、それに対していかなる刑罰が科されうるかを明らかにし、国連海洋法条約

105 条で許容された普遍的管轄権の行使として、海賊行為の実行者の国籍を問わずひろく処罰することを可能とすることなどを目的として制定された法律である。

　海賊対処法の制定以前においても、海上自衛隊は、自衛隊法 82 条の「海上における警備行動」（海上警備行動）の発令にもとづき（6-1 参照）、ソマリア沖およびアデン湾に護衛艦二隻（「さざなみ」と「さみだれ」）を派遣し、船舶の護衛をしていたが、護衛対象は日本関係船舶（日本籍船、日本人が乗船する外国籍船と「我が国の船舶運航事業者が運航する外国籍船又は我が国の積荷を輸送している外国籍船であって、我が国国民の安定的な経済活動にとって重要な船舶」）に限定されていた。この限定は、海上自衛隊の派遣の根拠となった自衛隊法 82 条の「海上における人命若しくは財産の保護」という文言が、基本的には日本国民の生命または財産の保護であると解釈されてきたことによる。海賊対処法の成立により、海上自衛隊による護衛対象の船舶を、船籍国を問わず、すべての船舶に広げることが可能となった。

　国外で発生した海賊行為事案に海賊対処法を適用し、外国人容疑者を逮捕し、日本に移送し、起訴し、有罪判決を下し、処罰した事案として、2011 年 3 月に発生したグアナバラ号事件がある。

　グアナバラ号事件は、2011 年 3 月 5 日に、アラビア海の公海上で、バハマ国船籍・商船三井運航の原油タンカー「グアナバラ」（約 57,000 トン、全長約 240m）が自称ソマリア連邦共和国籍の 4 名に乗り込まれ、4 名が自動小銃を発射するなどして同号を乗っ取ろうとした事件である。グアナバラ号はウクライナ国の南部のケルチ港で重油を積み、中国の杭州湾に近い舟山港に向けて航行中だった。グアナバラ号が発した救難信号を受けて、米国海軍の艦船「バルクレイ」は現場海域に急行し、トルコ海軍の支援を受けてグアナバラ号を救出するとともに、4 名の身柄を拘束した。グアナバラ号の乗組員 24 名は全員操舵室に避難し、負傷者はいなかった。乗組員に日本人は含まれていなかった。

　日本政府は、グアナバラ号を襲撃した自称ソマリア連邦共和国籍の 4 名の行為に海賊対処法を適用し、同法違反（海賊行為目的艦船侵入罪）を認定し、東京地方裁判所より逮捕状の発付を受け、米国海軍に行政的に拘束された 4 名を引取るために海上保安官をジブチ共和国に派遣し、海上保安官はアデン湾の公海上の海上自衛隊の護衛艦上で 4 名を逮捕した（通常逮捕（緊急執行））。その後、

4名は日本へ移送され、3月13日に日本に到着し、それぞれ同法違反（海賊行為目的艦船侵入罪よりも罪が重い船舶強取・船舶運航支配未遂罪）で起訴された。東京地裁で三つに分離して審理が行われ、4名それぞれに有罪判決が言い渡された（2名に懲役10年の刑、1名に懲役11年の刑、1名に懲役5年以上9年以下の刑（東京地判平成25年（2013年）2月1日等））。2名が東京高等裁判所に控訴したが、すべて棄却された（東京高判平成25年（2013年）12月18日高刑集66巻4号6頁等）。その後、両名が上告したが、上告が棄却され、刑が確定した（最決平成26年（2014年）6月16日判例集不登載）。

　日本を含む国際社会の取り組みにより、ソマリア沖およびアデン湾の海賊行為等の発生件数は減少傾向にある。2019年と2020年は0件、2021年は1件、2022年は0件である（内閣官房ソマリア沖・アデン湾における海賊対処に関する関係省庁連絡会，2023，『2022年 海賊対処レポート』，p. 2）。

　このように、2007年の海洋基本法の成立以降は、海の安全が関わる事案・事態に適用のある国内法の整備が進められているといえる。

〈主要参考文献〉
①成田頼明，1990，「国際化と行政法の課題」成田頼明ほか編『行政法の諸問題（下）』（有斐閣），pp. 87-106.
②谷内正太郎，1991，「国際法規の国内的実施」広部和也・田中忠編『国際法と国内法（山本草二先生還暦記念)』（勁草書房），pp. 109-131.
③小森光夫，1998，「条約の国内的効力と国内立法」村瀬信也・奥脇直也編『国家管轄権（山本草二先生古稀記念)』（勁草書房），pp. 551-571.
④橋本博之，2000，「海洋管理の法理」碓井光明・小早川光郎・水野忠恒・中里実編『公法学の法と政策（下）（金子宏先生古稀祝賀論文集)』（有斐閣），pp. 671-693.
⑤兼原敦子，2002，「沿岸国としての日本の国内措置」『ジュリスト』1232 号，pp. 61-70.
⑥寺島紘士，2008，「海洋基本法の制定の背景、経緯、論点」『ジュリスト』1365 号，pp. 6-10.
⑦奥脇直也，2009，「日本における海洋法 海洋権益保護と国際協力のイニシアティブ」『ジュリスト』1387 号，pp. 68-78.
⑧松田誠，2011，「実務としての条約締結手続」『新世代法政策学研究（北海道大学)』10 号，pp. 301-330.
⑨山本草二，2012，「国連海洋法条約の歴史的意味」『国際問題』617 号，pp. 1-4.
⑩辻本淳史，2022，「海賊処罰について 普遍的管轄権と海賊対処法をめぐって」山口厚ほか編『高橋則夫先生古稀祝賀論文集 ［下巻］』（成文堂），pp. 583-601.

〈関連の拙稿〉
① Tsuruta Jun, 2012, "The Japanese Act on the Punishment of and Measures against Piracy," *The Aegean Review of the Law of the Sea and Maritime Law*, Vol. 1 (2), pp. 237-245.
② Tsuruta Jun and Furuya Kentaro, 2013, "The Guanabara Case - The First Prosecution of Somali Pirates under the Japanese Piracy Act," *The International Journal of Marine and Coastal Law*, Vol. 28 (4), pp. 719-728.
③ Tsuruta Jun, 2021, "Japanese Implementation of the United Nations Convention on the Law of the Sea," in Tamada Dai and Zou Keyuan (eds.), *Implementation of the United Nations Convention on the Law of the Sea: State Practice of China and Japan*, Springer, pp. 65-75.

第5章　新たな国家安全保障戦略の策定
日本の防衛力の強化のためにいま何が必要か

　2022年12月、日本政府は新しい国家安全保障戦略を策定した。日本をとりまく安全保障環境の厳しさが増し、東アジアにおけるパワーバランスが変化するなかで、新戦略の策定はきわめて重要である。とりわけ懸念されるのが尖閣諸島に対する中国の挑戦である。今後、尖閣諸島でいかなる事態が発生したとしても、日本が適切かつ実効的に対処できるように備えを進めていく必要がある。

5-1　国家安全保障戦略とは

　2022年12月16日、日本政府は国家安全保障に関する基本方針である「国家安全保障戦略」（新戦略）を閣議決定した。2013年12月に日本で初めて国家安全保障戦略が策定され、それにより、新戦略による評価によれば、「安全保障上の事態に切れ目なく対応できる枠組み」（新戦略 p. 4）が整えられた。新戦略の策定は、2013年に戦略を策定した後の日本をとりまく安全保障環境の悪化をふまえ、「日本の防衛力の抜本的強化」と「国際秩序の維持」という二つの目標を掲げ、これら二つの目標の関連付けを図りながら、「戦後の我が国の安全保障政策を実践面から大きく転換する」（新戦略 pp. 4-5）ことを企図したものである。

　新戦略の策定を受けての国会での議論は「防衛費の増額」（2023年度から2027年度にかけての5年間で43兆円へ）と「防衛装備の充実」（反撃能力の保有など）に集中している観があるが、「防衛力の抜本的強化」のために、さまざまな課題を早急に整理し克服していく必要がある。

　本章では、新戦略の目標である防衛力の抜本的強化に焦点をあて、日本の防衛力の強化のためにいま何が必要かについて法的観点から整理したい。

5-2　尖閣諸島周辺海域における中国の活動

　日本をとりまく安全保障環境の厳しさが増している。日本の隣国である中国とロシアは核兵器を保有する軍事大国であり、北朝鮮は核兵器とその運搬手段となるミサイルの開発を進めている。中国はひろくアジアの海への「海洋進

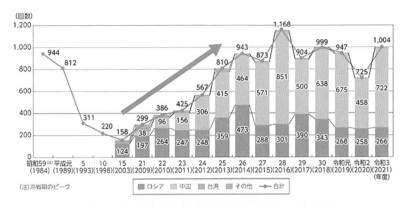

図 5-1　冷戦期以降の緊急発進の件数とその国別内訳
（防衛省の HP 上の情報『令和 4 年版 防衛白書』より）

出」を進めている（1-2 参照）。2022 年 8 月には中国が発射した弾道ミサイル 5
発が日本の EEZ に落下した。中国とロシアの軍用機の日本領域接近に対する
航空自衛隊機の緊急発進（自衛隊法 84 条に基づく対領空侵犯措置（スクランブル）
の発動）も増えている。2021 年度の航空自衛隊によるスクランブルの回数は合
計 1,004 回であった（中国機に対し 722 回、ロシア機に対し 266 回、その他 16 回）。
冷戦後、最も少なかった 2004 年度の 141 回と比べると約 7 倍である（図 5-1
参照）。

　このような状況での新戦略の策定はきわめて重要である。とりわけ懸念され
るのが沖縄県の尖閣諸島に対する中国の挑戦である。

　国家安全保障戦略も、中国について、「現在の中国の対外的な姿勢や軍事動
向等は、我が国と国際社会の深刻な懸念事項であり、我が国の平和と安全及び
国際社会の平和と安定を確保し、法の支配に基づく国際秩序を強化する上で、
これまでにない最大の戦略的な挑戦」（新戦略 p. 9）と述べている。

　ここ数年、中国海警局所属船舶（中国海警船）による尖閣諸島周辺の領海へ
の侵入、接続水域における航行、日本漁船への接近・追尾は常態化している
（図 3-1 参照）。中国は尖閣諸島の領有権を主張するだけでなく、尖閣諸島周辺
海域での活動を活発化させている。

5-3　2012 年の海上保安庁法の改正

　海上保安庁は尖閣諸島周辺の領海への中国海警船の侵入を規制し、領海に侵入された場合には、中国国内法令に基づきパトロールを行っていると主張する中国海警船に対して、国際法（国連海洋法条約等）と日本の国内法（海上保安庁法）に基づき、領海外への退去を求めるという対応をとっている。

　海上保安庁の設置法・作用法である「海上保安庁法」（昭和 23 年（1948 年）法律 28 号）の 2 条（任務規定）と 5 条（所掌事務規定）には、2012 年 8 月の一部改正で「船舶の航行の秩序の維持」という文言が追加された。この規定は、文言からは分かりにくいが、日本の領海で「無害でない」通航を行う外国政府の公用船舶に対する領海外への退去要求や日本の EEZ で事前通報なく行われている「海洋の科学的調査」（MSR）の停止要求を行うなど、国際法に照らして否定的な評価（「無害ではない」や国連海洋法条約 246 条 2 項が規定した義務の違反（4-5 参照）など）ができる外国船舶による活動に海上保安庁巡視船が対処する際の組織法・作用法上の根拠の明確化を図ったものである。

　海上保安庁が中国海警に現場海域で対処するための根拠法は既に整備されており、実際にそれに基づく対応がとられている。仮に海上保安庁法を改正したとしても、「海上法執行機関である海上保安庁」（新戦略 p. 22）による現場対応のあり方やその実効性が劇的に変わるわけでない。

　今後、中国海警の隊員が尖閣諸島へ上陸する可能性もある。また、中国海警船による日本漁船への接近・追尾の件数が増加している現状をふまえると、中国海警の隊員による日本漁船に対する中国国内法令の執行（日本漁船への立入検査や拿捕等）がなされる可能性もある。

　国家安全保障戦略には「自分の国は自分で守り抜ける防衛力を持つ」（新戦略 p. 4）とある。今後、尖閣諸島でいかなる事態が発生したとしても、日本が適切かつ実効的に対処できるように備えを進めていく必要がある。

5-4　グレーゾーン事態への対処

　では、いかなる備えが必要か。早急に克服すべき日本の安全保障上の課題がある。グレーゾーン事態への対処である。

　2010 年 12 月に策定された「平成 23 年度以降に係る防衛計画の大綱」（2010 年防衛大綱）でグレーゾーンへの言及がなされて以来、グレーゾーン事態への

対処は日本の防衛政策における重要な要素となっている（防衛大綱等の文書では、日本の国内法令上の事態概念と区別するために「グレーゾーンの事態」という表現が用いられている）。

　グレーゾーン事態は、日本に対する「外部からの組織的かつ計画的な武力攻撃」に至らない侵害行為が発生している状況である。

　『防衛白書　令和 4 年版』は、グレーゾーン事態について、「純然たる平時でも有事でもない幅広い状況を端的に表現したもの」で、「例えば、国家間において、領土、主権、海洋を含む経済権益などについて主張の対立があり、少なくとも一方の当事者が、武力攻撃に当たらない範囲で、実力組織などを用いて、問題にかかわる地域において頻繁にプレゼンスを示すことなどにより、現状の変更を試み、自国の主張・要求の受入れを強要しようとする行為が行われる状況」（p. 1）と整理している。

　今後、仮に、中国が武力を用いて尖閣諸島を侵略すれば、日本は国際法上の自衛権に基づき、また国内法上は「自衛隊法」（昭和 29 年（1954 年）法律 165 号）76 条 1 項に基づき防衛出動を発令して事態に対処することになる。「武力攻撃事態等及び存立危機事態における我が国の平和と独立並びに国及び国民の安全の確保に関する法律」（平成 15 年（2003 年）法律 79 号）（武力攻撃事態対処法）9 条に規定された手続きを経て（「武力攻撃事態」（同法 2 条二号）の認定、当該認定の前提となった事実、対処措置に関する重要事項などを記した「対処基本方針」の作成、対処基本方針の閣議決定など）、防衛出動を命ぜられた自衛隊は、国際法上の自衛権および自衛隊法 88 条 1 項に基づき日本を防衛するために必要な武力を行使することができる（5-6 参照）。ただし防衛出動が発令されていても、「武力攻撃事態」のうち、「武力攻撃が発生した事態」ではなく、「武力攻撃が発生する明白な危険が切迫していると認められるに至った事態」（いわゆる武力攻撃切迫事態）においては、武力行使はできない。

　日本政府は、武力攻撃事態（武力攻撃切迫事態を除く）の認定には、「我が国に対する外部からの組織的かつ計画的な武力攻撃」が必要と解釈してきた。そのため、日本に対する「外部からの組織的かつ計画的な武力攻撃」に至らない侵害行為が発生した場合、日本政府が「いかなる不法行為に対しても切れ目なく」事態に対処しようとすると、現状では、中国の官憲や軍人による尖閣諸島への上陸を日本の国内法令違反（「出入国管理及び難民認定法」（昭和 26 年（1951

年）政令第 319 号）違反）の問題と捉え、海上保安庁や沖縄県警などの警察機関が犯人の逮捕や犯罪の捜査などの法執行活動で対処することになる。

法執行活動とは国の管轄下の人に対する国内法令の適用・執行である。具体的には、国内法令の励行の確認や犯罪の予防を行い、犯罪行為が発生した場合には、犯罪を鎮圧・捜査し、犯人が明らかとなれば、犯人を逮捕して刑事司法プロセスに乗せるという権限行使である。

警察機関では事態対処が不可能または著しく困難な場合には、自衛隊法に基づき海上警備行動や治安出動（海上も含まれる）が発令され、対処の主体は警察機関から自衛隊に変わることになるが、活動の性質は同じく法執行活動である（6-1 参照）。自衛隊による活動であるが、軍事活動ではなく、法執行活動である。海上警備行動等が発令された場合、自衛官は、「警察官職務執行法」（昭和23 年（1948 年）法律 136 号）や海上保安庁法の武器使用規定（6-4-2 参照）に基づき、あくまでも法執行活動の実効性の担保のために、国際法および「警察比例の原則」に従って（「武力の行使」ではなく）「武器の使用」を行う（1-7 と 5-7 参照）。

日本による自衛権行使の新たな三要件を表明した 2014 年 7 月 1 日の閣議決定「国の存立を全うし、国民を守るための切れ目のない安全保障法制の整備について」（参考資料 3）では、「武力攻撃に至らない侵害への対処」について、次のように述べている。

まず、「我が国を取り巻く安全保障環境が厳しさを増していることを考慮すれば、純然たる平時でも有事でもない事態が生じやすく、これにより更に重大な事態に至りかねないリスクを有している。こうした武力攻撃に至らない侵害に際し、警察機関と自衛隊を含む関係機関が基本的な役割分担を前提として、より緊密に協力し、いかなる不法行為に対しても切れ目のない十分な対応を確保するための態勢を整備することが一層重要な課題となっている」との情勢認識を述べたうえで、「具体的には、こうした様々な不法行為に対処するため、警察や海上保安庁などの関係機関が、それぞれの任務と権限に応じて緊密に協力して対応するとの基本方針の下、各々の対応能力を向上させ、情報共有を含む連携を強化し、具体的な対応要領の検討や整備を行い、命令発出手続を迅速化するとともに、各種の演習や訓練を充実させるなど、各般の分野における必要な取組を一層強化することとする」と整理している。

　すなわち、グレーゾーン事態について、まずは警察機関と自衛隊の連携・協力を強化しつつ法執行活動で対処するという整理である。

　そのうえで、2015 年 5 月 14 日、日本政府はグレーゾーン事態対処のあり方に関わる二つの閣議決定を行った。「離島等に対する武装集団による不法上陸等事案に対する政府の対処について」（参考資料 4）と「我が国の領海及び内水で国際法上の無害通航に該当しない航行を行う外国軍艦への対処について」（参考資料 5）の二つである。

　二つの閣議決定はいずれも、海上警備行動や治安出動の発令手続きの迅速化を図るための決定である。政府として緊急な判断をする必要があるにもかかわらず国務大臣全員が参集しての速やかな臨時閣議の開催が困難である場合は、内閣総理大臣の主宰により電話等により国務大臣の了解をえて閣議決定を行うことが決定された。

　二つの閣議決定は、グレーゾーン事態対処、すなわち日本に対する「外部からの組織的かつ計画的な武力攻撃」に至らない侵害行為が発生している事態への対処について、自衛隊の新たな行動類型を創設するために自衛隊法の改正あるいは新規立法を行うのではなく、現在の自衛隊法に基づく海上警備行動や治安出動の発令の迅速化を図り、対象が外国軍艦や武装集団であっても、自衛隊による（軍事活動ではなく）法執行活動で対処するという整理に基づくものといえる。

5-5　法執行活動スキームと軍事活動スキーム

　法執行活動には、国家の主権と独立を確保し、領域主権の侵害を排除するなど国家安全保障に資する面もあるが、これらはあくまでも法執行活動の副次的効果である。法執行活動と国家安全保障のための活動（軍事活動）は目的・法的根拠・活動内容が異なる。

　外国の官憲や軍人による尖閣諸島への不法上陸という事態を、日本の国内法令違反（「出入国管理及び難民認定法」違反）の事態と捉えて法執行活動で対処することは法的には可能である。しかし、そのような事態対処の実効性という課題、またそもそもそのような事態認識で良いかという問題がある。

　上陸しようとするのは、尖閣諸島の領有権を主張する外国人活動家ではなく、すなわち、自らの意思によって行動する個人ではなく、国家からの指揮命令に

基づき国家機関として行動する外国の官憲や軍人である。彼らが上陸しようとする際に武力を行使しないとしても、そのような行為は日本が有している領域主権の侵害であり、国際違法行為である。

外国の官憲や軍人による尖閣諸島への不法上陸という事態に対して、「国とその管轄下にいる人」という構図で捉えて法執行活動で対処するという方法と、「国と国」という構図で捉えて軍事活動で対処するという方法がある。前者は国とその管轄下にある人に対して国内法令を執行するという垂直的な作用（法執行活動スキーム）であり、後者は国家間における水平的な作用（軍事活動スキーム）である。

ある事態に法執行活動スキームと軍事活動スキームのいずれで対処するかは、まずは事態認識の問題である。そのうえで、当該事態認識に基づいてとられた具体的な事態対処の正当性と実効性が問題となる。

法執行活動スキームから軍事活動スキームへの「切り替え」がなされるという場合、その判断は実践的にも法的にも重要である。それにより事態対処の方法が大きく変わることになるからである。

法執行活動スキームから軍事活動スキームに「あえて」切り替えないという戦略的判断もありうるが、法執行活動を規律する国際法と国内法の範囲内での対処となる。

法執行活動スキームによる対処と軍事活動スキームによる対処は、両者は目的・法的根拠・活動内容を異にすることから、相互に排他的な関係にはない。しかし、国際的武力紛争が発生し、武力紛争法が適用されている事態における法執行活動の遂行には留意すべき点がある（コラム3参照）。

5-6　武力紛争法の適用

武力紛争法は、武力紛争（armed conflict）における戦闘行為の方法や手段等に関する国際法規則で構成されている。国際的な武力紛争は、二国またはそれ以上の国家間における敵対行為（hostilities）が事実として存在している状態である。国際的武力紛争が存在する場合、紛争当事国は *jus in bello*（武力紛争における交戦者の行為を規律する規則）が許容する範囲で相互に合法的に敵対行為を行うことができる。

武力紛争法の適用のある事態では、相手国の軍艦等をひろく一団の「敵国勢

力」と捉え、敵国勢力に対して軍事的に必要な攻撃を行うことができる。軍隊の構成員で敵対行為に直接参加する権利を有する者（戦闘員）は、敵国の戦闘員を合法的に殺傷し、軍事目標（military objectives）を破壊することができる。

他方で、戦闘員資格を有さない者が敵国戦闘員の殺傷や軍事目標の破壊をした場合、当該者は「違法な戦闘員」となり、そのような行為を行ったことをもって攻撃対象となり、敵国の権力下に陥った場合は処罰される可能性がある。

国際的武力紛争の認定は、国家間における敵対行為の存在という事実に基づいて行われる。国家の主観的意思（他国に対する戦争意思の通告等）や敵対行為のレベル（戦闘の継続期間、烈度（intensity）（どの程度の殺戮が発生しているか、どの程度の軍隊が参加しているか）や範囲等）は、国際的武力紛争の存在の認定に関係しない。国家の主観的認識が法執行活動スキームにとどまる場合であっても、国際法上、国家間に敵対行為が存在すれば武力紛争法の適用は始まる。

相手国が武力紛争法に基づき軍事的に必要な武力攻撃をしているにもかかわらず、日本が依然として法執行活動スキームにとどまり、国際法上、外国政府の軍艦と公用船舶が有する「免除」をふまえ（3-5-3参照）、また国内法上の「警察比例の原則」に基づいて対応しているのでは、日本による事態対処の実効性は担保されない。

国際的武力紛争の認定は国家間における敵対行為の存在という客観的事実に基づいて行われるとしても、その認定を行うのはまずは関係各国である。敵対行為の継続期間、烈度や範囲等をどのように捉え、強制的措置を発動する際の法的根拠をどのように構成するか、すなわち、国連憲章上の自衛権の行使か、一般国際法上の自衛権の行使か、対抗措置の発動か、それとも法執行活動かについては関係各国間で差異が生じる可能性がある。とりわけグレーゾーン事態においては、そのような差異が生じることを想定して事態対処にあたる必要がある。

国際的武力紛争の発生・認定と「我が国に対する外部からの組織的かつ計画的な武力攻撃」の発生を受けてなされる武力攻撃事態（武力攻撃切迫事態を除く）の認定（さらに、当該認定をふまえての防衛出動の発令）の時間的なズレは、日本による事態対処の法的正当性においても、また事態対処の実効性においても、できるだけ短いほうが良い。

国際法上は、相手国の侵略意図を確認することができ、武力攻撃に着手した

と考えられる行為の後であれば、自衛権の行使は可能である（日本政府による憲法解釈でも同様とされている）。また、武力攻撃への着手は認定できないとしても、領域主権の侵害や国際法上の権利の侵害など、国際違法行為を認定できるのであれば、国家責任法に基づき当該国際違法行為の停止を要求し、それでも当該行為が継続されるのであれば、通常であれば国際違法行為となる対抗措置（counter-measures）を違法性が阻却されるかたちで発動することができる。当該国際違法行為と均衡する範囲で、当該行為の停止や再発防止を目的として対抗措置を発動することができる。

　国際司法裁判所（ICJ）は 1986 年の「対ニカラグア軍事的・準軍事的活動事件」判決において、自衛権の行使を正当化することができる「武力攻撃（armed attack）」（国連憲章 51 条）は、国連憲章 2 条 4 項が禁止している「武力の行使（use of force）」と同義ではなく、「最も重大な形態の武力の行使（the most grave forms of the use of force）」であると限定的に解釈したうえで、その傍論において、武力攻撃に至らない「より重大でない形態の武力の行使」の侵害行為の被害国による「均衡のとれた対抗措置」の発動を認めている。ただ、ICJ は、当該対抗措置が武力行使を伴うことが許容されるか否か（「武力行使を伴う対抗措置」の許容性）については明言するのを回避した（*ICJ Reports 1986*, para.249）。

　他方で、2007 年 9 月 17 日のガイアナ・スリナム海洋境界画定事件の仲裁判断（5-8-1 参照）において、スリナムはスリナム海軍の掘削船 T 号に対する行動をガイアナによる国際違法行為に対する合法な対抗措置（lawful countermeasures）として正当化したが、仲裁廷は、対抗措置は武力の行使を含むものであってはならないというのは国際法の確立した原則であり、スリナム海軍の行動は武力による威嚇（threat of force）を含むため合法な対抗措置とはならないと判示した（*Award in the arbitration regarding the delimitation of the maritime boundary between Guyana and Suriname*, para. 446.）。

　なお、武力紛争法の適用のある事態では、自国の領土に上陸した敵国軍隊の合法的戦闘員を拘束した場合、自国の国内法に基づき犯罪者として逮捕し、国内の刑事司法手続きに乗せて個人としての責任を追及するのではなく、すなわち、法執行活動の対象とせず、捕虜としての待遇を保障することになる。敵国軍隊の指揮命令系統から外れ、それゆえに敵国の国家機関として機能しえなくなった者については、これ以上の敵対行為の対象とはしない、また国内の刑事

司法手続きの対象にもしないという発想に基づく対応である。

5-7　海上での法執行活動の実効性を担保する「実力の行使」

　海上での法執行活動は前述（5-4参照）のような内容や目的を有するものであるため、活動の方法や活動のために用いる手段（装備など）もそれに対応した限定されたものとなる。たとえば、犯人を捜査し逮捕するなどの刑事司法手続きに乗せることを不可能ならしめるような、過度の「実力の行使」（use of force）（たとえば、停船命令を無視して逃走する外国船舶を全損・撃沈するなどの過度の「武器の使用」（use of weapon））は海上法執行機関による権限行使の目的と整合するものではなく、国際法上許容されるものでもない。

　海上での法執行活動における「実力の行使」については、これまで国際裁判などにおいてその法的評価が求められたことは少ない。1929年に発生し米国と英国が争った「アイム・アローン号事件」、1961年に発生し英国とデンマークが争った「レッド・クルセーダー号事件」、1997年に発生しセントビンセントとギニアが争った「サイガ号事件」などが代表的な事例である。

　これらの事案を通じて整理されてきた海上法執行活動における「武器の使用」に関する基本的な考え方は、①武器の使用は可能な限り回避されなければならず、また、武器の使用が不可避である場合においても、②武器の使用はその状況において合理的かつ必要な限度内のものでなければならないとするものである。

　海上での法執行活動における「実力の行使」は、国連海洋法条約301条や国連憲章2条4項などが禁止する「武力の行使（use of force）」や「武力による威嚇（threat of force）」とは異なる。国連海洋法条約は「武力による威嚇または武力の行使」を禁止しつつ、締約国が各海域に対応した事項に関する執行管轄権を行使することを許容していることから、海上での法執行活動と軍事活動を区別している。しかし、両者の境界は明確とはいえない。

5-8　海上法執行活動と軍事活動の関係性

　日本の安全保障のために法執行活動を適切に位置づけ、そのうえで、グレーゾーン事態に「切れ目なく」対処できるように備えるべきである。法執行活動と国家安全保障のための活動（軍事活動）の関係性を整理しておく必要がある。

参考になる国際判断が二つある。

5-8-1　2007 年 9 月 17 日ガイアナ・スリナム海洋境界画定事件・仲裁判断
　2000 年 6 月、ガイアナとスリナムの大陸棚の境界画定をめぐる係争海域に
おいて、ガイアナとの石油利権契約に基づき地盤掘削活動を行っていたカナダ
の CGX 社の掘削船 T 号に対して、スリナム海軍の巡視艇が「12 時間以内に退
去せよ。さもなくば、結果はあなた方次第である。」との警告を行った。射撃
は一切なされていない。本件の付託を受けた仲裁廷は、法執行活動における
「実力の行使」は不可避であり合理的かつ必要である限り許容されるとのスリ
ナムの主張を認めつつも、T 号による掘削は両国の大統領レベルの交渉対象に
もなっていたことなどをふまえ、本件におけるスリナムの行動は法執行活動と
いうよりは軍事活動による威嚇（threat of military action）に近いとして、国連海
洋法条約、国連憲章や一般国際法のもとで禁じられた「武力による威嚇」を構
成すると判示した。
　CGX 事件におけるこのような判示を参考にすると、海上での権限行使の国
際法における性格決定は、①いかなる状況で（領有権や境界画定をめぐって国家
間で紛争・対立のある海域での権限行使であるかなど）、②いかなる法的評価のもと
に（権限行使の対象者の行為が主権侵害であるのか、国際法上の権利侵害・義務違反で
あるのか、自国の領海における外国船舶による「無害ではない通航」であるのか、国内
法令違反であるのかなど）、また③いかなる目的の権限行使がなされているか（行
政的に是正措置を講じるという目的か、被疑者を逮捕し自国の刑事司法手続きに乗せる
という目的か、国家間レベルの権益確保か）などの基準によって決せられる。

5-8-2　国際海洋法裁判所（ITLOS）2019 年 5 月 25 日ウクライナ艦船抑留事
　　　　件（ウクライナ対ロシア）暫定措置命令
　2018 年 11 月 25 日未明、クリミア半島東部のケルチ海峡において、ウクラ
イナ海軍の艦船 3 隻がロシア沿岸警備隊に拿捕・抑留される事件が発生した。
拿捕されたウクライナ艦隊の乗組員 24 名はロシア当局によって抑留され、ロ
シアの国内裁判所で国境侵犯の罪で訴追されることとなった。
　ウクライナは、本件を、国連海洋法条約第 15 部が規定する紛争解決手続き
のうち、附属書Ⅶに基づく仲裁の申し立てを行うとともに、ITLOS に暫定措

置命令を請求した。ロシアは軍事的活動（military activities）に関する紛争は国連海洋法条約の強制的紛争解決手続きから除外するとの宣言を行っていた。本件紛争について、ロシアは軍事的活動に関する紛争にあたると主張し、ウクライナは法執行活動に関する紛争であると主張したため、「軍事活動」（国連海洋法条約 298 条 1 項(b)）の解釈が問題となった。

　ITLOS は軍事活動と法執行活動を区別する基準として次の三つの基準を掲げた。①活動に従事している船舶が艦船（naval vessels）であるか法執行船舶（law enforcement vessels）であるかは、二つの活動の区別に関連するものの、唯一の判断基準ではない。②紛争当事国による活動の性格決定に依存するのではなく、問題となる行為を客観的に評価する。③拿捕・抑留が二つの活動のいずれの文脈で発生したかを明らかにする必要がある。

　ITLOS は、これらの基準をふまえて、関連の諸事実、すなわち、本件紛争がケルチ海峡の通航制度に関する紛争であること、ロシアはウクライナ艦隊が停船命令を無視したことを受けて法執行活動にあたる警告射撃と船体射撃を行ったことなどを検討し、結論として、ロシアによるウクライナ艦船の拿捕・抑留は法執行活動として行われたことを認定した。

5-8-3　海上での法執行活動に該当するか否かの評価基準

　本節で確認した国際判断をふまえると、海上での法執行活動に該当するか否かの評価基準は、事態対処のための活動が国際法の観点から法執行活動として評価できるような「実質」を備えているか否かである。

　事態に対処する主体の各国国内法上の位置付けが武力紛争法上の海軍ではなく海上警察機関であるからといって、また事態に適用のある法律が整備され、海上警察機関が当該法律の適用と執行権限の行使として事態に対処しているからといって、当該事態対処が、国際法上、当然に法執行活動にあたることになるわけではない。

5-9　「防衛力の抜本的強化」のための法整備の必要性

　日本による自衛権行使の新たな三要件を表明した 2014 年 7 月 1 日の閣議決定「国の存立を全うし、国民を守るための切れ目のない安全保障法制の整備について」（参考資料 3）は、その冒頭で、「いかなる事態においても国民の命と

平和な暮らしを断固として守り抜く」ためには、「切れ目のない対応を可能とする国内法制を整備しなければならない」と述べている。

　日本の安全保障のために法執行活動の意義と射程（何ができて、何ができないのか）を整理し、法執行活動を適切に位置づけ、そのうえで、グレーゾーン事態、すなわち日本に対する「外部からの組織的かつ計画的な武力攻撃」に至らない侵害行為が発生している事態に「切れ目なく」適切かつ実効的に対処できるようにする必要がある。

　日本に対する「外部からの組織的かつ計画的な武力攻撃」に至らない侵害行為に自衛隊による「防衛力」で確実に対処できるようにするべきである。防衛力とは、新戦略によれば、「我が国の安全保障を確保するための最終的な担保であり、我が国を守り抜く意思と能力を表すもの」（新戦略 p. 11）である。防衛力には「外部勢力が自国領域を侵略させないように抑止する力」と「武力紛争発生時に敵国勢力を物理的に破壊する力」の二つがあるが、新戦略は後者の意の防衛力に重きを置いて定義している。

　具体的には、自衛隊法を改正して、あるいは新たな法律を制定して、自衛隊が外国勢力による日本に対する「組織的かつ計画的な武力攻撃」に至らない侵害行為を正当性と実効性を有するかたちで中止できるように、外国の軍人や官憲による武力攻撃を伴わない日本領域の侵害行為を阻止できるように、現在の自衛隊法 76 条 1 項の防衛出動に関する規定とその発令要件に関するこれまでの解釈は維持しつつ、防衛出動とは異なる自衛隊の新たな行動類型として「領域主権侵害排除行動」を創設すべきである。

　グレーゾーン事態への実効的な対処という観点から、日本が国際法上許される範囲の措置を国内法上も根拠が明確なかたちで講じることができるように国内法を整備する必要がある。現在は主に海上保安庁等による法執行活動に基づく事態対処と自衛隊による防衛出動に基づく事態対処があるのみである。両者の間に「切れ目」は存在しないとしても、実効的な対処のためには自衛隊による新たな行動類型を創設する必要がある。

　当該行動の国際法上の根拠は国家責任法上の対抗措置である。外国の軍人や官憲によって武力攻撃を伴わないにしても日本領域の侵害行為がなされているのであれば、国家責任法に基づき、まずは当該国際違法行為の中止を求め、それでも当該行為が継続するのであれば、事態の悪化を抑止しつつ、当該行為を

中止させるために必要性と均衡性を有する強制的措置を発動する（5-6 参照）。

　自民党が 2022 年 4 月にまとめた国家安全保障戦略の改訂にむけた提言「新たな国家安全保障戦略等の策定に向けた提言」には、「武力攻撃事態に至らない侵害に遺漏なく対処するための必要な措置について、法整備も含め、早急に検討する」とあった。しかし、新戦略にはこの提言に対応した記述がない。そもそも新戦略には法整備への言及がない。

　日本の安全保障の危機的な事態への対処のあり方は、国民にとって重要な事項に関することであり、国民の代表者が集う国会による審議をふまえて、国民の理解と協力を得て、民主的正統性が担保されたかたちで、グレーゾーン事態に実効的に対処するための国内法の整備（自衛隊法の改正あるいは新規立法）を行うことが望ましい。

　グレーゾーン事態対処のための国内法の整備を進めていくにあたっては、規範内容の精査に加えて、海上での権限行使が国際法の観点からどのように評価されるか、また、対処する事態を日本の管轄下で発生している国内法令違反の問題と捉えるか（「国とその管轄下にいる人」という構図で捉えるか）、それとも国家間で発生している問題と捉えるか（「国と国」という構図で捉えるか）、そもそもの事態認識が重要である。海上での法執行活動と軍事活動のいずれの活動で対処すべきか、判断が容易ではない事態が発生したとしても、法的にはいずれかの活動に引き付けて対処するしかない。グレーゾーン事態をそれとして対処することはできない。事態認識に対応した適切かつ実効的な対処方法を追求する必要がある。

5-10　外部からの脅威に対抗する「意思」と「能力」をつなぐ

　新戦略は、防衛力について、「我が国を守り抜く意思と能力を表すもの」（新戦略 p. 11）と定義した。新戦略、「国家防衛戦略」と「防衛力整備計画」（戦略三文書）の策定、防衛費の増額、防衛装備の充実などにより、外部からの脅威に対抗する「意思」と「能力」をそれぞれ備えていても、その能力を発揮できないということがおこりうる。安全保障関連の法整備は、「我が国を守り抜く意思」を国民の理解を得て明文で具体化し、その意思を「我が国を守り抜く能力」の発揮に確実につなげていくためのものである。外部からの脅威に対抗する「能力」を高め、安全保障関連の法整備によって「意思」を固め、両者をつ

なぐことで、「防衛力の抜本的強化」（新戦略 pp. 17-19）が可能となる。

　自衛隊の新たな活動を創設するために自衛隊法の改正あるいは新規立法を行うことなくして「防衛力の抜本的強化」が実現可能であるのか。日本への侵略が発生する場合に「我が国が主たる責任をもって対処し、（略）これを阻止・排除」（新戦略 p. 19）することが可能であるのか、日本の安全保障の危機的な局面で外部からの脅威に対抗するのに必要となる防衛力を念頭において慎重に見極める必要がある。

〈主要参考文献〉

①真山全，2004，「武力攻撃の発生と自衛権行使」『国際安全保障』31 巻 4 号，pp. 17-27.

②磯崎陽輔，2004，『武力攻撃事態対処法の読み方』（ぎょうせい）.

③宮内靖彦，2009，「武力不行使原則から見た「対抗措置」概念の機能」島田征夫・古谷修一編『国際法の新展開と課題（林司宣先生古稀祝賀）』（信山社），pp. 175-200.

④浅田正彦，2012，「国際法における「武力紛争」の概念」松田竹男ほか編『現代国際法の思想と構造 II　環境、海洋、刑事、紛争、展望』（東信堂），pp. 282-324.

⑤中谷和弘，2015，「境界未画定海域における一方的資源開発と武力による威嚇 ガイアナ・スリナム仲裁判決を参考として」柳井俊二・村瀬信也編『国際法の実践（小松一郎大使追悼）』（信山社），pp. 519-538.

⑥安保公人，2015，「いわゆるグレーゾーン事態の必要かつ有効な法整備」『防衛法研究』臨時増刊号，pp. 43-67.

⑦黒﨑将広，2016，「国際的武力紛争の発生条件再考」『国際法外交雑誌』115 巻 2 号，pp. 158-184.

⑧森川幸一，2016，「グレーゾーン事態対処の射程とその法的性質」『国際問題』648 号，pp. 29-38.

⑨高橋杉雄，2019，「平和安全法制とグレーゾーン」『国際安全保障』47 巻 2 号，pp. 39-52.

⑩仲野武志，2023，『防衛法』（有斐閣）.

〈関連の拙稿〉

① Tsuruta Jun, "Time to Revise the Japan Coast Guard Act?," *The Diplomat*, November 29, 2021.

② Tsuruta Jun, "Japan Needs to Prepare for a Possible Senkaku Islands Crisis," *The Diplomat*, April 21, 2022.

③ Tsuruta Jun, "Japan Has More to Do to Bolster Its Defense: The problem lies in the gray zone," *The Diplomat*, February 13, 2023.

第6章　海上警備行動の発令による事態対処

6-1　法執行活動としての性格

「自衛隊法」（昭和 29 年（1954 年）法律 165 号）82 条の「海上における警備行動」（海上警備行動）とは、海上における人命もしくは財産の保護または治安の維持のため特別の必要がある場合、具体的には、海上保安庁等の警察機関によっては量的・質的に対処が不可能あるいは著しく困難と認められる事態に至った場合に、これを第一義的には防衛大臣が判断し、内閣総理大臣が安全保障会議および閣議に諮り、内閣総理大臣の承認を得て、防衛大臣が自衛隊の部隊に海上において必要な行動をとることを命ずるものである（2001 年 10 月 25 日の第 153 回国会参議院国土交通委員会における北原巌男・防衛庁運用局長（当時）による答弁）。

海上警備行動はこのような目的を有することから、その法的性格は法執行活動である。自衛隊法 3 条に規定された自衛隊の任務のうち、いわゆる「従たる任務」である「公共の秩序の維持」（3 条 1 項）にあたる活動である。

また、海上保安庁は、海上警備行動の発令後においても、犯罪の捜査や犯人の逮捕等の任務の遂行（司法警察権限の行使）にあたる（2001 年 10 月 25 日の第 153 回国会参議院国土交通委員会における縄野克彦・海上保安庁長官（当時）による答弁）。

海上警備行動によって対処しようとする船舶等が日本を武力攻撃しようとする意思を明らかにし、海上警備行動で対処することが困難である場合には、自衛隊法 76 条 1 項に基づき防衛出動の発令が検討されることとなる。「武力攻撃事態等及び存立危機事態における我が国の平和と独立並びに国及び国民の安全の確保に関する法律」（平成 15 年（2003 年）法律 79 号）（武力攻撃事態対処法）第 9 条に規定された手続きを経て（「武力攻撃事態」の認定などを記した対処基本方針案の作成、対処基本方針の閣議決定など）、防衛出動を命ぜられた自衛隊は、国際法上の自衛権および自衛隊法 88 条 1 項に基づき日本を防衛するために必要な武力を行使することができる（5-6 参照）。防衛出動の発令にあたっては、特に緊急の必要がある場合を除き、国会の事前承認が必要である。防衛出動が発令されていても、「武力攻撃事態」のうち、「武力攻撃が発生した事態」ではなく、

「武力攻撃が発生する明白な危険が切迫していると認められるに至った事態」
（いわゆる武力攻撃切迫事態）においては、武力行使はできない（5-4 参照）。

6-2　海上警備行動の発令手続き

　海上警備行動の発令は、日本政府としての総合的な検討の結果として判断される
ものであり、海上保安庁長官から防衛大臣への要請は発令要件であるとは
解されていない（2002 年 3 月 19 日の第 154 回国会参議院外交防衛委員会における中
谷元・防衛庁長官（当時）による答弁）。

　2015 年 5 月 14 日、日本政府は海上警備行動の発令手続きの迅速化を図るた
めの閣議決定「我が国の領海及び内水で国際法上の無害通航に該当しない航行
を行う外国軍艦への対処について」を行った（参考資料 5）。日本政府として緊
急な判断をする必要があるにもかかわらず、国務大臣が全員参集しての速やか
な臨時閣議の開催が困難である場合には、内閣総理大臣の主宰により、電話等
により国務大臣の了解をえて閣議決定を行うこととなった。

　この閣議決定は、いわゆるグレーゾーン事態、すなわち、日本に対する「外
部からの組織的かつ計画的な武力攻撃」に至らない侵害行為が発生している事
態への対処について、自衛隊の新たな活動を創設するために自衛隊法の改正あ
るいは新規立法を行うのではなく、現在の自衛隊法に基づく海上警備行動の発
令の迅速化を図り、自衛隊による（軍事活動ではなく）法執行活動で対処すると
いう整理に基づくものである（5-5 参照）。

6-3　海上警備行動時の自衛隊の権限

　海上警備行動時の自衛隊の権限は自衛隊法 93 条に規定されており、海上保
安庁法の一部準用により、船舶の備え置くべき書類の提出命令、立入検査、海
上犯罪が行われようとするのを認めた場合等であって、人の生命・身体に危険
が及ぶおそれがある場合の船舶の停止、乗組員の下船制限、積荷の陸揚げ制限
等の措置、すなわち行政警察権限を行使することができる。

　海上警備行動が発令された場合、自衛官は、「警察官職務執行法」（昭和 21 年
（1946 年）法律 136 号）や「海上保安庁法」（昭和 23 年（1948 年）法律 28 号）の武
器使用規定に基づき、あくまでも法執行活動の実効性の担保のために、国際法
および「警察比例の原則」に従って（「武力の行使」ではなく）武器を使用する

ことができる（1-7 と 5-7 参照）。具体的には、警察官職務執行法 7 条を準用するほか、海上保安庁法 20 条 2 項を準用して、自衛官は武器を使用することができる（6-4-2 参照）。

6-4　海上警備行動が発令された事案等

海上警備行動は、これまでに、1999 年 3 月の能登半島沖不審船事案、2004年 11 月の中国人民解放軍海軍所属の漢級原子力潜水艦による日本領海の潜没航行事案、2009 年 3 月のソマリア沖およびアデン湾における海賊行為からの日本船舶の護衛の三つの事案等で発令されている。

以下では、第一と第二の発令事案の「能登半島沖不審船事案」と「中国潜水艦の日本領海潜没航行事案」を取り上げる（第三の発令事案の「ソマリア沖およびアデン湾の海賊行為への日本の対応」についてはコラム 2 参照）。

6-4-1　1999 年 3 月発生の能登半島沖不審船事案

1999 年 3 月 23 日、海上自衛隊の P3-C 哨戒機が佐渡島西方約 10 カイリの日本の領海内で「第一大西丸」と記された船を発見し、その後、能登半島東方約 25 カイリで「第二大和丸」と記された船を発見したことに始まる。両船は、漁船名を表示しているものの、漁具を積載せず、不審なアンテナ等の装備が確認されたことから、海上自衛隊から海上保安庁に不審な船舶であるとして連絡がなされた。海上保安庁が両船について調査したところ、第一大西丸については既に漁船原簿から抹消されており、第二大和丸については兵庫県浜坂沖で操業中であることが判明した。

海上保安庁の巡視船艇と航空機は両船に対して漁業法（昭和 24 年（1947 年）12 月 15 日法律 267 号）74 条 3 項に基づく検査等を行うために停船命令を発したものの、両船はこれを無視して逃走したことから、海上保安庁は両船の漁業法 141 条 2 項の立入検査忌避罪を認定した（平成 11 年（1999 年）3 月 25 日の第 145 回国会参議院外交・防衛委員会における楠木行雄・海上保安庁長官（当時）による答弁）。

海上保安庁巡視船艇（「ちくぜん」、「さど」、「はまゆき」と「なおづき」）は、逃走する両船を停船させて、移乗し、立入検査忌避罪を犯した現行犯人を逮捕するために、海上保安庁法 20 条 1 項に基づき上空および海面への威嚇射撃を実施する等の必要な措置を講じたが、両船はなおも逃走を続けた。巡視艇につい

ては航続距離の問題から追跡を断念し、巡視船については速力の問題から次第に両船から引き離され、両船は巡視船のレーダーから消えた。

　海上保安庁巡視船艇による追尾が困難となったことから、翌 3 月 24 日に、小渕恵三・内閣総理大臣（当時）の承認を得て、野呂田芳成・防衛庁長官（当時）から海上自衛隊自衛艦隊司令官に対して自衛隊法 82 条に基づき海上警備行動が発令された。第二大和丸については、海上自衛隊護衛艦（「みょうこう」と「はるな」）による追尾、停船命令、127 ミリ砲による合計 25 回 35 発の警告射撃にかかわらず、日本の防空識別圏（ADIZ）を越えて北朝鮮方向に逃走し、これ以上の追尾は「相手国を刺激し、事態の拡大を招くおそれがある」との判断がなされたため、追尾が中止された。また、第一大西丸についても、日本ADIZ を越えて北朝鮮方向に逃走したため、同様の理由で追尾が中止された。

　海上警備行動発令前の海上自衛隊は両船を停船させる権限を有さないため、「防衛庁設置法」（昭和 29 年（1954 年）法律 164 号）6 条十一号に基づく情報収集活動として、また川崎二郎・運輸大臣（当時）からの要請を受けた省庁間協力として、護衛艦を両船に伴走させるにとどまった。

　ADIZ は、領空侵犯の可能性のある正体不明機（飛行計画が登録されていない飛行物体（アン・ノウン））に早期に対応する目的で、領空の外側の公海上空に一定の範囲で設定される空域である。領域国は国内法令に基づき ADIZ を飛行する予定の航空機に対して、ADIZ に進入する地点、時刻、離陸後進入までの所要時間等の飛行計画の事前通報を求める。正体不明機が ADIZ に進入してきた場合、ADIZ 設定国は正体不明機に確認や警告をするために軍用機を緊急発進させる（自衛隊法 84 条に基づく対領空侵犯措置（スクランブル）の発動）。日本、中国、韓国、台湾、米国やカナダ等が ADIZ を設定している。日本は在日米軍が設定した ADIZ をほぼ踏襲するかたちで、1969 年 8 月 29 日付け防衛庁訓令 36号「防空識別圏における飛行要領に関する訓令」で設定した。なお、自衛隊法84 条に基づく対領空侵犯措置の法的性格は法執行活動（「航空法」（昭和 27 年（1952 年）法律 231 号）等の違反への対応）と整理されている。

　能登半島沖不審船事案では、海上保安庁の巡視船艇の速力、航続距離と装備が十分でなかったため、不審船を停船させることができなかった。本事案後、政府の関係省庁において検討が行われ、1999 年 6 月に「能登半島沖不審船事案における教訓・反省事項について」がまとめられた。海上保安庁と防衛省の

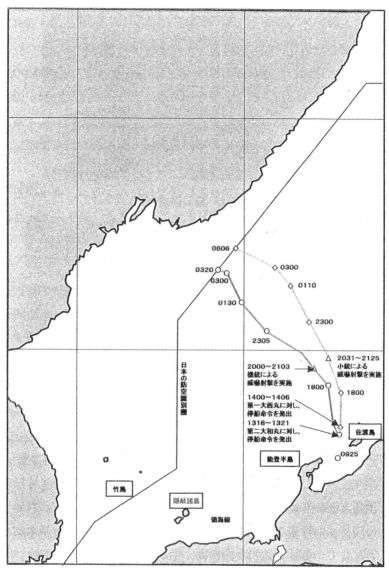

図 6-1　1999 年 3 月の能登半島沖不審船事案の航跡図
（海上保安庁編『海上保安白書（平成 11 年版）』より）

連携強化を図り、不審船事案対処に関する「共同対処マニュアル」を策定し、情報連絡体制の強化や海上保安庁と海上自衛隊との連携訓練を行うこととなった。

　不審船事案への対処を法執行活動と位置づけ、警察機関である海上保安庁が第一に対処し、海上保安庁では対処することが不可能もしくは著しく困難と認められる場合には、海上警備行動の発令により自衛隊が対処するとの基本的な方針の確認がなされた。

　海上保安庁と自衛隊の連携を強化しつつ、法執行活動によって不審船事案に対処するという整理である。いわゆるグレーゾーン事態対処へのあり方の現在の整理の基礎となる整理がなされたといえる。

　なお、能登半島沖不審船事案の不審船は二隻とも日本籍船舶であることを標榜していたことから、海上保安庁の巡視船艇等による両船の日本の領海内から領海外までの追尾は、国際法上の追跡権（the right of hot pursuit）の行使に基づくものではない（平成 11 年（1999 年）3 月 25 日の第 145 回国会参議院外交・防衛委員会における楠木行雄・海上保安庁長官（当時）による答弁）。

6-4-2　海上保安庁法 20 条 2 項に基づく停船射撃

　海上保安庁法 20 条 2 項は、1999 年 3 月に発生した能登半島沖不審船事案の教訓・反省をふまえ、2001 年の海上保安庁法の一部改正によって新たに追加された武器の使用に関する規定である。2001 年の海上保安庁法の一部改正と同時に自衛隊法の一部改正もなされ、海上警備行動実施時の自衛隊も海上保安庁法 20 条 2 項を準用できることとなった。

　海上保安庁法 20 条 2 項に基づく武器の使用は、「外国船舶と思料される船舶」に対して行政警察活動の行使として犯罪予防のための海上保安庁法 17 条 1 項に基づく立入検査を実現するために停船を繰り返し命じても、同船舶がこれに応じず、なお抵抗または逃亡しようとする場合において、同船舶を停船させるために他に手段がないときに認められる武器の使用である。海上保安庁法 20 条 1 項が準用している警察官職務執行法 7 条により武器を使用する場合以外の場合に適用される。

　海上保安庁法 20 条 2 項に基づき武器を使用した結果、人に危害を与えたとしても、法律に基づく正当な行為として、その違法性が阻却される。このこと

は、海上保安庁法 20 条 2 項の規定は、警察官職務執行法 7 条のように「人に危害を与えてはならない」との規定がおかれていないことから、その反対解釈として導かれる。

　海上保安庁法 20 条 2 項に基づく武器の使用の目的は、海上保安庁法 17 条 1 項の立入検査を実現するための停船措置の実効性の担保である。

　海上保安庁法 20 条 2 項に基づく武器の使用の客体は、国連海洋法条約 19 条に規定する無害通航でない航行を行っている外国船舶と思料される船舶である。ただし、20 条 2 項一号により外国政府の軍艦と非商業目的の公用船舶は除外されている（3-5-3 参照）。また、無害通航でない航行を行っている外国船舶と思料される船舶であっても、海上保安庁長官（海上警備行動時の自衛官の職務執行については「防衛大臣」に読み替え）が海上保安庁法 20 条 2 項各号のすべてに該当する事態であると認めなければ、海上保安庁法 20 条 2 項に基づく武器の使用の客体とはならない。

　海上保安庁法 20 条 2 項は、停船命令に従わず、抵抗または逃亡しようとするという要件に加え、同条項の一号から四号までの要件を課すことによって、事態の急迫性や抵抗の態様を具体的に明らかにし、警察比例の原則をふまえた武器の使用を実現しようとするものである。同条項の柱書は、警察比例の原則をふまえて、「その事態に応じ合理的に必要と判断される限度において」と規定している。

6-4-3　2004 年 11 月発生の中国潜水艦による日本領海潜没航行事案

　2004 年 11 月 10 日の早朝、海上自衛隊第 5 航空群（沖縄県那覇市）の P3-C 哨戒機が沖縄県先島群島周辺海域の日本の領海を南から北方向へ潜没航行している国籍不明の潜水艦を確認したことをうけて（後日、中国人民解放軍海軍所属の漢級（091 型）原子力潜水艦 405 号（中国名「長征 5 号」）であることが判明した）、1996 年 12 月 24 日の閣議決定「我が国の領海及び内水で潜没航行する外国潜水艦への対処について」（参考資料 1）をふまえ、小泉純一郎・内閣総理大臣（当時）の承認を得て、同日 8 時 45 分に大野功統・防衛庁長官（当時）より自衛艦隊司令官に対して自衛隊法 82 条に基づき海上警備行動が発令された（図 6-2 参照）。

　1996 年 12 月の閣議決定では、日本の領海で潜没航行する外国の潜水艦に対

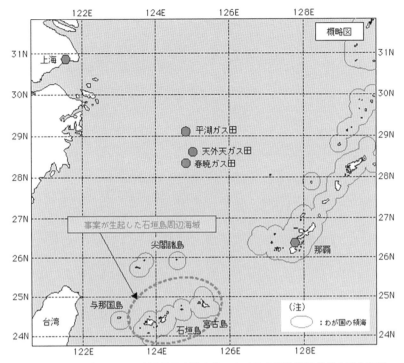

図 6-2　2004 年 11 月の中国原子力潜水艦による日本領海潜没航行の発生海域
（防衛省の HP 上の情報『平成 17 年度版 防衛白書』より）

する基本的な対処方針として、自衛隊に海上警備行動を発令し、自衛隊が当該
潜水艦に対して浮上航行と国旗掲揚を要求し、当該潜水艦がこれに応じない場
合には領海外への退去要求を行うこととされていた。

　この閣議決定からは、日本の領海で外国潜水艦が潜没航行するという事案・
事態への対処について、日本政府は、まずは自衛隊が軍事活動ではなく法執行
活動で対処するという整理をしていることが分かる。けっして日本の領海での
外国潜水艦による潜没航行それ自体を「武力攻撃」あるいは「武力攻撃への着
手」と捉えているわけではない（5-6 参照）。

　ただ、本件では、海上警備行動が発令されたときには当該潜水艦は日本の領
海からすでに出域していた。そのため、海上自衛隊から同潜水艦に対して浮上
航行と国旗掲揚の要求は行われなかった。

当該潜水艦が潜没したまま日本の領海を航行したという点で国際法違反（国連海洋法条約20条が規定する浮上航行義務の違反）であるとする日本政府の抗議に対して、同年11月16日、当該潜水艦が母港である北海艦隊司令部のある中国山東省の青島港に帰港した後、中国政府（中国外務次官）は当該潜水艦が自国の原子力潜水艦であることを認め、遺憾の意を表明したうえで、通常の訓練の過程で「技術的な原因」から「石垣水道」（石垣島と多良間島の間の海域、幅は18カイリ）に誤って入ったと説明した。なお、日本は「石垣水道」という地理的名称を使用していない。

　中国政府のこのような対応からは、中国政府が「石垣水道」を外国船舶が「通過通航権」を有する国際海峡ではなく日本の領海であると捉えていることが分かる。

　本件では当該潜水艦の日本の領海への潜没航行の情報に接してから海上警備行動の発令までに相当の時間を要することとなった（当該潜水艦が日本の領海から出域した後の発令となった）。そのため、本件発生後、日本政府は潜没航行する外国潜水艦への新たな対処方針として、日本の領海を潜没航行する潜水艦に対して原則として自衛隊に海上警備行動を発令して浮上要求と領海からの退去要求を行うこと、海上警備行動の発令を速やかに行うこととした。

6-4-4　国際海峡における通過通航権

　国連海洋法条約は、公海または排他的経済水域と他の公海または排他的経済水域を結ぶ海峡（国際海峡）において、外国の船舶および航空機（外国政府の軍艦・軍用航空機を含む）が「継続的かつ迅速な通過」のために「航行および上空飛行の自由」を行使することができる通過通航権を新たに認めた。国際海峡を航行する船舶は、通航に際し一定の規則の遵守を義務付けられてはいるものの、通航の自由が保障され、通航が無害であることは条件とされていない。国際海峡の通過通航については、沿岸国による領域主権の行使が一定程度制限される。

　日本にはもっとも狭い部分の幅が24カイリ未満の海峡が多数存在する。たとえば、屋久島と口之島の間のトカラ海峡（幅22カイリ）、悪石島と小宝島の間（幅18カイリ）、宝島と上ノ根嶼の間（幅21カイリ）、徳之島と沖永良部島の間（幅18カイリ）などである。当該海峡はすべて日本領海であり、外国船舶（外国軍艦を含む）は無害通航権を行使できる。

　ただ、日本政府は日本領海に国際法上の国際海峡が存在するか否かについての見解を明らかにしていない。2016 年に中谷元・防衛大臣（当時）等がトカラ海峡の国際海峡としての性格に否定的な見解を示したことはある。

　2016 年 6 月以降、中国人民解放軍海軍の艦船（情報収集艦や測量艦等）はトカ

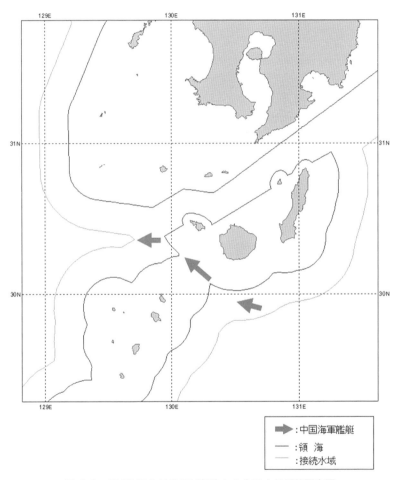

図 6-3　2023 年 6 月 8 日に発生した中国人民解放軍海軍
シュパン級測量艦によるトカラ海峡の通航

（防衛省の HP 上の情報「（お知らせ）中国海軍艦艇の動向について（2023 年 6 月 8 日付）」より）

ラ海峡を複数回にわたり通航している（図6-3参照）。中国政府はトカラ海峡は国際法上の「国際海峡」にあたると主張している。仮にそのような主張が認められることになれば、トカラ海峡で外国潜水艦は潜没したままの航行が許されることになる。国連海洋法条約は領海を航行する外国潜水艦には浮上航行と国旗掲揚の義務を課しているが（同20条）、国際海峡については同様の義務を規定する条文が存在しない。また国際海峡では外国航空機は上空飛行の自由を有する。

〈主要参考文献〉

①山本草二，1981，「軍艦の通航権をめぐる国際紛争の特質」日本海洋協会編『船舶の通航権をめぐる海事紛争と新海洋法秩序』1号，pp. 43-63.

②杉原高嶺，1986，「海峡通航の制度的展開」山本草二・杉原高嶺編『海洋法の歴史と展望（小田滋先生還暦記念）』（有斐閣），pp. 337-389.

③水上千之，1995，『日本と海洋法』（有信堂高文社）．

④村上暦造，2005，『領海警備の法構造』（中央法規出版）．

⑤田岡俊次，2005，「「意図的」か「航法ミス」か 中国原潜の領海侵犯事件を検証する」『世界の艦船』638号，pp. 141-145.

⑥深町公信，2007，「コルフ海峡事件と国際海峡の通航制度」栗林忠男・杉原高嶺編『海洋法の主要事例とその影響』（有信堂高文社），pp. 75-99.

⑦坂元茂樹，2015，「日本と国際海峡」同編『国際海峡』（東信堂），pp. 3-40.

⑧森川幸一，2021，「海上警備行動の国際法上の根拠についての一考察」柳原正治ほか編『国際法秩序とグローバル経済（間宮勇先生追悼）』（信山社），pp. 33-65.

⑨和仁健太郎，2023，「日本周辺の海峡と外国潜水艦の通航」奥脇直也・坂元茂樹編『海上保安法制の現状と展開』（有斐閣），pp. 36-50.

⑩真山全，2023，「海上保安庁と自衛隊の海上警備行動における連携」『前掲書⑨』，pp. 269-284.

〈関連の拙稿〉

Tsuruta Jun, "Chinese and Russian Warships Step up Activity in Straits Around Japan," *The Diplomat*, August 01, 2023.

コラム3　武力攻撃事態における防衛大臣による海上保安庁の統制

　2023年4月28日、日本政府は、日本が外国勢力から武力攻撃を受けた事態において、「自衛隊法」（昭和29年（1954年）法律165号）80条1項に基づき海上保安庁を防衛大臣の統制下におく手続きや防衛大臣の統制下におかれた海上保安庁がいかなる活動を行うかなどを整理した「統制要領」を策定した。

　2022年12月16日に閣議決定された「国家安全保障戦略」には、「有事の際の防衛大臣による海上保安庁に対する統制を含め、自衛隊と海上保安庁との連携・協力を不断に強化する」（p. 18）とあり、自衛隊と海上保安庁の連携・強化が明記されていた。

　自衛隊法80条1項は、内閣総理大臣は自衛隊に防衛出動を発令した場合に、「特別の必要があると認めるときは、海上保安庁の全部又は一部を防衛大臣の統制下に入れることができる」と規定している。「特別の必要があると認めるとき」とは、事態の対処にあたり、自衛隊と海上保安庁を一元的に指揮して運用しなければ、事態対処が困難である場合である。

　たとえば、外国勢力が武力を用いて日本を侵略した場合、「武力攻撃事態」の認定、防衛出動の発令に向けた手続きが進められる。「武力攻撃事態等及び存立危機事態における我が国の平和と独立並びに国及び国民の安全の確保に関する法律」（平成15年（2003年）法律79号）（武力攻撃事態対処法）9条に規定された手続きを経て（武力攻撃事態の認定などを記した対処基本方針案の作成、対処基本方針の閣議決定など（5-4参照））、防衛出動を命ぜられた自衛隊は国際法上の自衛権および自衛隊法88条1項に基づき日本を防衛するために必要な武力を行使することができる（5-6参照）。ただし、防衛出動が発令されていても、「武力攻撃事態」のうち、「武力攻撃が発生した事態」ではなく、「武力攻撃が発生する明白な危険が切迫していると認められるに至った事態」（いわゆる武力攻撃切迫事態（5-4参照））においては、武力行使はできない。

　武力攻撃事態が認定され、防衛出動が発令された場合に、防衛省・自衛隊と海上保安庁の連携・協力の強化が図られるとして、統制要領の策定により、海上保安庁がいかなる位置づけでいかなる活動を行うか、自衛隊と海上保安庁がどのように役割分担を図るかについて一定の整理がなされた。

　統制要領では、まず、海上保安庁を防衛大臣の統制下におく手続きについて、

「閣議決定に基づく」との整理がなされた。

　また、防衛大臣の統制下におかれた海上保安庁がいかなる活動を行うかについては、例示として、国民保護措置（住民の避難および救援）、捜索救難および人命救助、船舶への情報提供および避難支援、港湾施設等へのテロ警戒、大量避難民への対応措置の 5 点を掲げた。

　防衛大臣が防衛省・自衛隊に集約された情報とその分析をふまえて海上保安庁長官を指揮し（自衛隊法施行令（昭和 29 年（1954 年）政令 79 号）103 条）、その指揮をふまえて海上保安庁長官が海上保安庁職員を指揮監督し（海上保安庁法（昭和 23 年（1948 年）法律 28 号）10 条 2 項）、海上保安庁職員によってこれらの活動が行われることで、自衛隊が日本を防衛するために必要な任務に集中できるようになる。防衛大臣が海上保安庁の活動を直接に指揮するのではない。

　海上保安庁は防衛大臣の統制下におかれた場合も法執行機関であることに変更はなく、またその活動が法執行活動であることについても変更はないとされている（1992 年 6 月 11 日の第 123 回国会衆議院国際平和協力等に関する特別委員会における宮下創平・防衛庁長官（当時）による答弁）。海上保安庁は防衛大臣の統制下におかれることになっても、自衛隊への編入措置が執られるのではなく、武力紛争法（武力紛争における戦闘行為の方法や手段などに関する国際法（5-6 参照））上の軍隊となるわけではない。「1949 年 8 月 12 日のジュネーヴ諸条約の国際的な武力紛争の犠牲者の保護に関する追加議定書（議定書 I）」（ジュネーヴ諸条約第一追加議定書）43 条 3 項に基づく軍隊への編入措置が執られるわけではない。同条項は「紛争当事者は、準軍事的な又は武装した法執行機関を自国の軍隊に編入したときは、他の紛争当事者にその旨を通報する」と規定している。

　なお、海上保安庁は武力紛争法における軍隊ではないことから、その構成員である海上保安官は戦闘員資格を有していない。ジュネーヴ諸条約第一追加議定書 43 条は、1 項で軍隊を定義したうえで、2 項で「紛争当事者の軍隊の構成員（略）は、戦闘員であり、すなわち、敵対行為に直接参加する権利を有する」と規定している。

　防衛大臣の統制下におかれた海上保安庁は、武力攻撃事態（武力攻撃事態のうち、武力攻撃切迫事態ではなく「武力攻撃が発生した事態」）で活動するものの、海上保安庁の位置付けや活動は平時のそれらと何ら変更はなく、警察機関として法執行活動のみを行う。そのため、統制要領を策定するにあたっても、海上保

安庁の設置法・作用法である海上保安庁法の改正は不要とされた。武力攻撃事態においても海上における法令の励行の確認や犯罪の防止などの法執行活動は必要であり、海上保安庁は平時と変わらず海上保安庁法や「刑事訴訟法」（昭和23年（1948年）法律131号）等に基づき行政的および司法的な警察権限を行使する。

　ただ、武力攻撃事態の認定がなされ、防衛出動が発令されるような事態における海上保安庁の活動が国際法の観点からも法執行活動であると評価できるのか、国際法上の軍事活動に踏み込んでいないか、国際法上の軍事目標とならないかについては留意する必要がある。

　国際法（武力紛争法）上、攻撃対象は無差別であってはならず、軍事目標（military objectives）と非軍事物を区別し、非軍事物を攻撃対象としてはならない。軍事目標と非軍事物を区別しない攻撃は無差別攻撃であり禁止される。ただ、軍事目標にあたるか否かを区別する基準は必ずしも明確とはいえない。物的軍事目標を選定する基準には、ある物の種類で判断するカテゴリー別選定基準

国民保護に従事していることを示す標章を掲示した
海上保安庁巡視船「PLH03 さがみ」
（海上保安庁の HP 上の情報より）

（軍艦であるか否か等）とある物の機能で判断する機能的選定基準（「その性質、位置、用途又は使用が軍事活動に効果的に資する物」であって、攻撃の時点における状況において「明確な軍事的利益をもたらす物」であるか否か）があり、現在は後者が有力である。

　事態に対処する主体の国内法上の位置付けが軍隊ではなく法執行機関であるからといって、当該機関による権限行使が、国際法上、当然に軍事活動ではなく法執行活動にあたることになるわけではない点には留意する必要がある（5-8 参照）。

〈主要参考文献〉

①藤田久一，2003，『新版 国際人道法〔再増補〕』（有信堂高文社）.

②真山全，2003，『海上保安庁の武力紛争法上の地位（平成 14 年度海洋ビジョンに関する調査研究）』（シップ・アンド・オーシャン財団 海洋政策研究所）.

③真山全，2003，「海上保安庁と武力紛争法」『Ship & Ocean Newsletter（シップ・アンド・オーシャン財団 海洋政策研究所）』77 号（2003 年 10 月 20 日発行）.

④浦口薫，2007，「海戦における機能的目標選定の確保をめぐる目標識別上の諸問題」『防衛法研究』31 号，pp. 27-94.

⑤佐藤雄二，2019，『波濤を越えて：叩き上げ海保長官の重大事案ファイル』（文藝春秋）.

⑥黒崎将広ほか，2021，『防衛実務国際法』（弘文堂）.

⑦西村弓，2023，「海洋安全保障と国際法 武力紛争時における海上法執行機関の位置付け」『国際問題』716 号，pp. 38-48.

⑧下山憲二，2023，「武力攻撃事態等における海上法執行機関の法的地位と課題」『防衛法研究』47 号，pp. 25-39.

⑨兼原敦子，2023，「統制要領下での海上保安庁の安全は確保できるのか」『Ocean Newsletter（笹川平和財団 海洋政策研究所）』561 号（2023 年 12 月 20 日発行）.

⑩兼原敦子，2024，「自衛隊法 80 条と統制要領下での海上保安庁の任務遂行における安全確保」『ジュリスト』1593 号，pp. 72-77.

〈関連の拙稿〉

Tsuruta Jun, "Tokyo Issues New Crisis Guideline for the Japan Coast Guard," *The Diplomat*, May 18, 2023.

本章は次の拙稿を大幅に加筆・修正したものである。

鶴田順，2023，「武力攻撃事態における海上保安庁の統制要領」（日本国際フォーラム HP に掲載）.

参考条文1 「海上保安庁法」（昭和23年（1948年）法律28号）（抄）

第1条〔設置及びその目的〕

　海上において、人命及び財産を保護し、並びに法律の違反を予防し、捜査し、及び鎮圧するため、国家行政組織法（昭和二十三年法律第百二十号）第三条第二項の規定に基づいて、国土交通大臣の管理する外局として海上保安庁を置く。

②　河川の口にある港と河川との境界は、港則法（昭和二十三年法律第百七十四号）第二条の規定に基づく政令で定めるところによる。

第2条〔任務〕

　海上保安庁は、法令の海上における励行、海難救助、海洋汚染等の防止、海上における船舶の航行の秩序の維持、海上における犯罪の予防及び鎮圧、海上における犯人の捜査及び逮捕、海上における船舶交通に関する規制、水路、航路標識に関する事務その他海上の安全の確保に関する事務並びにこれらに附帯する事項に関する事務を行うことにより、海上の安全及び治安の確保を図ることを任務とする。

第5条〔所掌事務〕

　海上保安庁は、第二条第一項の任務を達成するため、次に掲げる事務をつかさどる。

一　法令の海上における励行に関すること。

二　海難の際の人命、積荷及び船舶の救助並びに天災事変その他救済を必要とする場合における援助に関すること。

三　遭難船舶の救護並びに漂流物及び沈没品の処理に関する制度に関すること。

四　海難の調査（運輸安全委員会及び海難審判所の行うものを除く。）に関すること。

五　船舶交通の障害の除去に関すること。

六　海上保安庁以外の者で海上において人命、積荷及び船舶の救助を行うもの並びに船舶交通に対する障害を除去するものの監督に関すること。

七　旅客又は貨物の海上運送に従事する者に対する海上における保安のため必要な監督に関すること。

八　航法及び船舶交通に関する信号に関すること。

九　港則に関すること。

十　船舶交通がふくそうする海域における船舶交通の安全の確保に関すること。

十一　海洋汚染等（海洋汚染等及び海上災害の防止に関する法律（昭和四十五年法律第百三十六号）第三条第十五号の二に規定する海洋汚染等をいう。）及び海上災害の防止に関すること。

十二　海上における船舶の航行の秩序の維持に関すること。

十三　沿岸水域における巡視警戒に関すること。

十四　海上における暴動及び騒乱の鎮圧に関すること。

十五　海上における犯罪の予防及び鎮圧に関すること。

十六　海上における犯人の捜査及び逮捕に関すること。

十七　留置業務に関すること。

十八　国際捜査共助に関すること。

十九　警察庁及び都道府県警察（以下「警察行政庁」という。）、税関、検疫所その他の関係行政庁との間における協力、共助及び連絡に関すること。

二十　国際緊急援助隊の派遣に関する法律（昭和六十二年法律第九十三号）に基づく国際緊急援助活動に関すること。

二十一　水路の測量及び海象の観測に関すること。

二十二　水路図誌及び航空図誌の調製及び供給に関すること。

二十三　船舶交通の安全のために必要な事項の通報に関すること。

二十四　灯台その他の航路標識の建設、保守、運用及び用品に関すること。

二十五　灯台その他の航路標識の附属の設備による気象の観測及びその通報に関すること。

二十六　海上保安庁以外の者で灯台その他の航路標識の建設、保守又は運用を行うものの監督に関すること。

二十七　所掌事務に係る国際協力に関すること。

二十八　政令で定める文教研修施設において所掌事務に関する研修を行うこと。

二十九　所掌事務を遂行するために使用する船舶及び航空機の建造、維持及び運用に関すること。

三十　所掌事務を遂行するために使用する通信施設の建設、保守及び運用に関すること。

三十一　前各号に掲げるもののほか、第二条第一項に規定する事務

第10条〔長官〕

　海上保安庁の長は、海上保安庁長官とする。

②　海上保安庁長官は、国土交通大臣の指揮監督を受け、庁務を統理し、所部の職員を指揮監督する。ただし、国土交通大臣以外の大臣の所管に属する事務については、各々その大臣の指揮監督を受ける。

第15条〔海上保安官の法令の励行事務における地位〕

　海上保安官がこの法律の定めるところにより法令の励行に関する事務を行う場合には、その権限については、当該海上保安官は、各々の法令の施行に関する事務を所管する行政官庁の当該官吏とみなされ、当該法令の励行に関する事務に関し行政官庁の制定する規則の適用を受けるものとする。

第17条〔海上保安官の書類の提出命令、立入検査及び質問の権限〕

　海上保安官は、その職務を行うため必要があるときは、船長又は船長に代わつて船舶を指揮する者に対し、法令により船舶に備え置くべき書類の提出を命じ、船舶の同一性、船籍港、船長の氏名、直前の出発港又は出発地、目的港又は目的地、積荷の性質又は積荷の有無その他船舶、積荷及び航海に関し重要と認める事項を確かめるため船舶の進行を停止させて立入検査をし、又は乗組員及び旅客並びに船舶の所有者若しくは賃借人又は用船者その他海上の安全及び治安の確保を図るため重要と認める事項について知つていると認められる者に対しその職務を行うために必要な質問をすることができる。

②　海上保安官は、前項の規定により立入検査をし、又は質問するときは、制服を着用し、又はその身分を示す証票を携帯しなければならない。

第18条〔海上保安官のする強制的措置〕

　海上保安官は、海上における犯罪が正に行われようとするのを認めた場合又は天災事変、海難、工作物の損壊、危険物の爆発等危険な事態がある場合であつて、人の生命若しくは身体に危険が及び、又は財産に重大な損害が及ぶおそれがあり、かつ、急を要するときは、他の法令に定めのあるもののほか、次に掲げる措置を講ずることができる。

一　船舶の進行を開始させ、停止させ、又はその出発を差し止めること。

二　航路を変更させ、又は船舶を指定する場所に移動させること。

三　乗組員、旅客その他船内にある者（以下「乗組員等」という。）を下船させ、又はその下船を制限し、若しくは禁止すること。

四　積荷を陸揚げさせ、又はその陸揚げを制限し、若しくは禁止すること。

五　他船又は陸地との交通を制限し、又は禁止すること。

六　前各号に掲げる措置のほか、海上における人の生命若しくは身体に対する危険又は財産に対する重大な損害を及ぼすおそれがある行為を制止すること。

②　海上保安官は、船舶の外観、航海の態様、乗組員等の異常な挙動その他周囲の事情から合理的に判断して、海上における犯罪が行われることが明らかであると認められる場合その他海上における公共の秩序が著しく乱されるおそれがあると認められる場合であつて、他に適当な手段がないと認められるときは、前項第一号又は第二号に掲げる措置を講ずることができる。

第20条〔武器の使用〕

海上保安官及び海上保安官補の武器の使用については、警察官職務執行法（昭和二十三年法律第百三十六号）第七条の規定を準用する。

②　前項において準用する警察官職務執行法第七条の規定により武器を使用する場合のほか、第十七条第一項の規定に基づき船舶の進行の停止を繰り返し命じても乗組員等がこれに応ぜずなお海上保安官又は海上保安官補の職務の執行に対して抵抗し、又は逃亡しようとする場合において、海上保安庁長官が当該船舶の外観、航海の態様、乗組員等の異常な挙動その他周囲の事情及びこれらに関連する情報から合理的に判断して次の各号のすべてに該当する事態であると認めたときは、海上保安官又は海上保安官補は、当該船舶の進行を停止させるために他に手段がないと信ずるに足りる相当な理由のあるときには、その事態に応じ合理的に必要と判断される限度において、武器を使用することができる。

一　当該船舶が、外国船舶（軍艦及び各国政府が所有し又は運航する船舶であつて非商業的目的のみに使用されるものを除く。）と思料される船舶であつて、かつ、海洋法に関する国際連合条約第十九条に定めるところによる無害通航でない航行を我が国の内水又は領海において現に行つていると認められること（当該航行に正当な理由がある場合を除く。）。

二　当該航行を放置すればこれが将来において繰り返し行われる蓋然性があると認められること。

三　当該航行が我が国の領域内において死刑又は無期若しくは長期三年以上の懲役若しくは禁錮に当たる凶悪な罪（以下「重大凶悪犯罪」という。）を犯

すのに必要な準備のため行われているのではないかとの疑いを払拭すること
ができないと認められること。

四　当該船舶の進行を停止させて立入検査をすることにより知り得べき情報に
　　基づいて適確な措置を尽くすのでなければ将来における重大凶悪犯罪の発生
　　を未然に防止することができないと認められること。

第25条〔解釈上の注意〕

　この法律のいかなる規定も海上保安庁又はその職員が軍隊として組織され、
訓練され、又は軍隊の機能を営むことを認めるものとこれを解釈してはならな
い。

参考条文2　「自衛隊法」（昭和29年（1954年）法律165号）（抄）

第1条（この法律の目的）

　この法律は、自衛隊の任務、自衛隊の部隊の組織及び編成、自衛隊の行動及
び権限、隊員の身分取扱等を定めることを目的とする。

第3条（自衛隊の任務）

　自衛隊は、我が国の平和と独立を守り、国の安全を保つため、我が国を防衛
することを主たる任務とし、必要に応じ、公共の秩序の維持に当たるものとす
る。

②　自衛隊は、前項に規定するもののほか、同項の主たる任務の遂行に支障を
　　生じない限度において、かつ、武力による威嚇又は武力の行使に当たらない
　　範囲において、次に掲げる活動であつて、別に法律で定めるところにより自
　　衛隊が実施することとされるものを行うことを任務とする。

一　我が国の平和及び安全に重要な影響を与える事態に対応して行う我が国の
　　平和及び安全の確保に資する活動

二　国際連合を中心とした国際平和のための取組への寄与その他の国際協力の
　　推進を通じて我が国を含む国際社会の平和及び安全の維持に資する活動

③　陸上自衛隊は主として陸において、海上自衛隊は主として海において、航
　　空自衛隊は主として空においてそれぞれ行動することを任務とする。

第76条（防衛出動）

　内閣総理大臣は、次に掲げる事態に際して、我が国を防衛するため必要があ

ると認める場合には、自衛隊の全部又は一部の出動を命ずることができる。この場合においては、武力攻撃事態等及び存立危機事態における我が国の平和と独立並びに国及び国民の安全の確保に関する法律（平成十五年法律第七十九号）第九条の定めるところにより、国会の承認を得なければならない。

一　我が国に対する外部からの武力攻撃が発生した事態又は我が国に対する外部からの武力攻撃が発生する明白な危険が切迫していると認められるに至つた事態

二　我が国と密接な関係にある他国に対する武力攻撃が発生し、これにより我が国の存立が脅かされ、国民の生命、自由及び幸福追求の権利が根底から覆される明白な危険がある事態

②　内閣総理大臣は、出動の必要がなくなつたときは、直ちに、自衛隊の撤収を命じなければならない。

第77条（防衛出動待機命令）

　防衛大臣は、事態が緊迫し、前条第一項の規定による防衛出動命令が発せられることが予測される場合において、これに対処するため必要があると認めるときは、内閣総理大臣の承認を得て、自衛隊の全部又は一部に対し出動待機命令を発することができる。

第78条（命令による治安出動）

　内閣総理大臣は、間接侵略その他の緊急事態に際して、一般の警察力をもつては、治安を維持することができないと認められる場合には、自衛隊の全部又は一部の出動を命ずることができる。

②　内閣総理大臣は、前項の規定による出動を命じた場合には、出動を命じた日から二十日以内に国会に付議して、その承認を求めなければならない。ただし、国会が閉会中の場合又は衆議院が解散されている場合には、その後最初に召集される国会において、すみやかに、その承認を求めなければならない。

③　内閣総理大臣は、前項の場合において不承認の議決があつたとき、又は出動の必要がなくなつたときは、すみやかに、自衛隊の撤収を命じなければならない。

第79条（治安出動待機命令）

　防衛大臣は、事態が緊迫し、前条第一項の規定による治安出動命令が発せら

れることが予測される場合において、これに対処するため必要があると認める
ときは、内閣総理大臣の承認を得て、自衛隊の全部又は一部に対し出動待機命
令を発することができる。

②　前項の場合においては、防衛大臣は、国家公安委員会と緊密な連絡を保つ
　ものとする。

第 80 条（海上保安庁の統制）

　内閣総理大臣は、第七十六条第一項（第一号に係る部分に限る。）又は第
七十八条第一項の規定による自衛隊の全部又は一部に対する出動命令があつた
場合において、特別の必要があると認めるときは、海上保安庁の全部又は一部
を防衛大臣の統制下に入れることができる。

②　内閣総理大臣は、前項の規定により海上保安庁の全部又は一部を防衛大臣
　の統制下に入れた場合には、政令で定めるところにより、防衛大臣にこれを
　指揮させるものとする。

③　内閣総理大臣は、第一項の規定による統制につき、その必要がなくなつた
　と認める場合には、すみやかに、これを解除しなければならない。

第 82 条（海上における警備行動）

　防衛大臣は、海上における人命若しくは財産の保護又は治安の維持のため特
別の必要がある場合には、内閣総理大臣の承認を得て、自衛隊の部隊に海上に
おいて必要な行動をとることを命ずることができる。

第 84 条（領空侵犯に対する措置）

　防衛大臣は、外国の航空機が国際法規又は航空法（昭和二十七年法律第
二百三十一号）その他の法令の規定に違反してわが国の領域の上空に侵入した
ときは、自衛隊の部隊に対し、これを着陸させ、又はわが国の領域の上空から
退去させるため必要な措置を講じさせることができる。

第 87 条（武器の保有）

　自衛隊は、その任務の遂行に必要な武器を保有することができる。

第 88 条（防衛出動時の武力行使）

　第七十六条第一項の規定により出動を命ぜられた自衛隊は、わが国を防衛す
るため、必要な武力を行使することができる。

②　前項の武力行使に際しては、国際の法規及び慣例によるべき場合にあつて
　はこれを遵守し、かつ、事態に応じ合理的に必要と判断される限度をこえて

はならないものとする。

第89条（治安出動時の権限）

　警察官職務執行法（昭和二十三年法律第百三十六号）の規定は、第七十八条第一項又は第八十一条第二項の規定により出動を命ぜられた自衛隊の自衛官の職務の執行について準用する。この場合において、同法第四条第二項中「公安委員会」とあるのは、「防衛大臣の指定する者」と読み替えるものとする。

②　前項において準用する警察官職務執行法第七条の規定により自衛官が武器を使用するには、刑法（明治四十年法律第四十五号）第三十六条又は第三十七条に該当する場合を除き、当該部隊指揮官の命令によらなければならない。

第90条

　第七十八条第一項又は第八十一条第二項の規定により出動を命ぜられた自衛隊の自衛官は、前条の規定により武器を使用する場合のほか、次の各号の一に該当すると認める相当の理由があるときは、その事態に応じ合理的に必要と判断される限度で武器を使用することができる。

一　職務上警護する人、施設又は物件が暴行又は侵害を受け、又は受けようとする明白な危険があり、武器を使用するほか、他にこれを排除する適当な手段がない場合

二　多衆集合して暴行若しくは脅迫をし、又は暴行若しくは脅迫をしようとする明白な危険があり、武器を使用するほか、他にこれを鎮圧し、又は防止する適当な手段がない場合

三　前号に掲げる場合のほか、小銃、機関銃（機関けん銃を含む。）、砲、化学兵器、生物兵器その他その殺傷力がこれらに類する武器を所持し、又は所持していると疑うに足りる相当の理由のある者が暴行又は脅迫をし又はする高い蓋然性があり、武器を使用するほか、他にこれを鎮圧し、又は防止する適当な手段がない場合

②　前条第二項の規定は、前項の場合について準用する。

第91条

　海上保安庁法（昭和二十三年法律第二十八号）第十六条、第十七条第一項及び第十八条の規定は、第七十八条第一項又は第八十一条第二項の規定により出動を命ぜられた海上自衛隊の三等海曹以上の自衛官の職務の執行について準用

する。

② 海上保安庁法第二十条第二項の規定は、第七十八条第一項又は第八十一条第二項の規定により出動を命ぜられた海上自衛隊の自衛官の職務の執行について準用する。この場合において、同法第二十条第二項中「前項において準用する警察官職務執行法第七条」とあるのは「第八十九条第一項において準用する警察官職務執行法第七条及び前条第一項」と、「第十七条第一項」とあるのは「前項において準用する海上保安庁法第十七条第一項」と、「海上保安官又は海上保安官補の職務」とあるのは「第七十八条第一項又は第八十一条第二項の規定により出動を命ぜられた自衛隊の自衛官の職務」と、「海上保安庁長官」とあるのは「防衛大臣」と読み替えるものとする。

③ 第八十九条第二項の規定は、前項において準用する海上保安庁法第二十条第二項の規定により海上自衛隊の自衛官が武器を使用する場合について準用する。

第93条（海上における警備行動時の権限）

警察官職務執行法第七条の規定は、第八十二条の規定により行動を命ぜられた自衛隊の自衛官の職務の執行について準用する。

② 海上保安庁法第十六条、第十七条第一項及び第十八条の規定は、第八十二条の規定により行動を命ぜられた海上自衛隊の三等海曹以上の自衛官の職務の執行について準用する。

③ 海上保安庁法第二十条第二項の規定は、第八十二条の規定により行動を命ぜられた海上自衛隊の自衛官の職務の執行について準用する。この場合において、同法第二十条第二項中「前項」とあるのは「第一項」と、「第十七条第一項」とあるのは「前項において準用する海上保安庁法第十七条第一項」と、「海上保安官又は海上保安官補の職務」とあるのは「第八十二条の規定により行動を命ぜられた自衛隊の自衛官の職務」と、「海上保安庁長官」とあるのは「防衛大臣」と読み替えるものとする。

④ 第八十九条第二項の規定は、第一項において準用する警察官職務執行法第七条の規定により自衛官が武器を使用する場合及び前項において準用する海上保安庁法第二十条第二項の規定により海上自衛隊の自衛官が武器を使用する場合について準用する。

第93条の2（海賊対処行動時の権限）

　第八十二条の二に規定する海賊対処行動を命ぜられた自衛隊の自衛官は、海賊行為の処罰及び海賊行為への対処に関する法律の定めるところにより、同法の規定による権限を行使することができる。

参考条文3　「警察官職務執行法」（昭和23年（1948年）法律136号）（抄）

第1条（この法律の目的）

　この法律は、警察官が警察法（昭和二十九年法律第百六十二号）に規定する個人の生命、身体及び財産の保護、犯罪の予防、公安の維持並びに他の法令の執行等の職権職務を忠実に遂行するために、必要な手段を定めることを目的とする。

②　この法律に規定する手段は、前項の目的のため必要な最小の限度において用いるべきものであつて、いやしくもその濫用にわたるようなことがあつてはならない。

第7条（武器の使用）

　警察官は、犯人の逮捕若しくは逃走の防止、自己若しくは他人に対する防護又は公務執行に対する抵抗の抑止のため必要であると認める相当な理由のある場合においては、その事態に応じ合理的に必要と判断される限度において、武器を使用することができる。但し、刑法（明治四十年法律第四十五号）第三十六条（正当防衛）若しくは同法第三十七条（緊急避難）に該当する場合又は左の各号の一に該当する場合を除いては、人に危害を与えてはならない。

一　死刑又は無期若しくは長期三年以上の懲役若しくは禁こにあたる兇悪な罪を現に犯し、若しくは既に犯したと疑うに足りる充分な理由のある者がその者に対する警察官の職務の執行に対して抵抗し、若しくは逃亡しようとするとき又は第三者がその者を逃がそうとして警察官に抵抗するとき、これを防ぎ、又は逮捕するために他に手段がないと警察官において信ずるに足りる相当な理由のある場合。

二　逮捕状により逮捕する際又は勾引状若しくは勾留状を執行する際その本人がその者に対する警察官の職務の執行に対して抵抗し、若しくは逃亡しようとするとき又は第三者がその者を逃がそうとして警察官に抵抗するとき、こ

れを防ぎ、又は逮捕するために他に手段がないと警察官において信ずるに足りる相当な理由のある場合。

参考条文4 「武力攻撃事態等及び存立危機事態における我が国の平和と独立並びに国及び国民の安全の確保に関する法律」（平成15年（2003年）法律79号）（抄）

第1条（目的）

　この法律は、武力攻撃事態等（武力攻撃事態及び武力攻撃予測事態をいう。以下同じ。）及び存立危機事態への対処について、基本理念、国、地方公共団体等の責務、国民の協力その他の基本となる事項を定めることにより、武力攻撃事態等及び存立危機事態への対処のための態勢を整備し、もって我が国の平和と独立並びに国及び国民の安全の確保に資することを目的とする。

第2条（定義）

　この法律（第一号に掲げる用語にあっては、第四号及び第八号ハ（1）を除く。）において、次の各号に掲げる用語の意義は、それぞれ当該各号に定めるところによる。

一　武力攻撃　我が国に対する外部からの武力攻撃をいう。

二　武力攻撃事態　武力攻撃が発生した事態又は武力攻撃が発生する明白な危険が切迫していると認められるに至った事態をいう。

三　武力攻撃予測事態　武力攻撃事態には至っていないが、事態が緊迫し、武力攻撃が予測されるに至った事態をいう。

四　存立危機事態　我が国と密接な関係にある他国に対する武力攻撃が発生し、これにより我が国の存立が脅かされ、国民の生命、自由及び幸福追求の権利が根底から覆される明白な危険がある事態をいう。

第3条（武力攻撃事態等及び存立危機事態への対処に関する基本理念）

　武力攻撃事態等及び存立危機事態への対処においては、国、地方公共団体及び指定公共機関が、国民の協力を得つつ、相互に連携協力し、万全の措置が講じられなければならない。

②　武力攻撃予測事態においては、武力攻撃の発生が回避されるようにしなければならない。

③　武力攻撃事態においては、武力攻撃の発生に備えるとともに、武力攻撃が発生した場合には、これを排除しつつ、その速やかな終結を図らなければならない。ただし、武力攻撃が発生した場合においてこれを排除するに当たっては、武力の行使は、事態に応じ合理的に必要と判断される限度においてなされなければならない。

④　存立危機事態においては、存立危機武力攻撃を排除しつつ、その速やかな終結を図らなければならない。ただし、存立危機武力攻撃を排除するに当たっては、武力の行使は、事態に応じ合理的に必要と判断される限度においてなされなければならない。

⑤　武力攻撃事態等及び存立危機事態への対処においては、日本国憲法の保障する国民の自由と権利が尊重されなければならず、これに制限が加えられる場合にあっても、その制限は当該武力攻撃事態等及び存立危機事態に対処するため必要最小限のものに限られ、かつ、公正かつ適正な手続の下に行われなければならない。この場合において、日本国憲法第十四条、第十八条、第十九条、第二十一条その他の基本的人権に関する規定は、最大限に尊重されなければならない。

⑥　武力攻撃事態等及び存立危機事態においては、当該武力攻撃事態等及び存立危機事態並びにこれらへの対処に関する状況について、適時に、かつ、適切な方法で国民に明らかにされるようにしなければならない。

⑦　武力攻撃事態等及び存立危機事態への対処においては、日米安保条約に基づいてアメリカ合衆国と緊密に協力するほか、関係する外国との協力を緊密にしつつ、国際連合を始めとする国際社会の理解及び協調的行動が得られるようにしなければならない。

第4条（国の責務）
　国は、我が国の平和と独立を守り、国及び国民の安全を保つため、武力攻撃事態等及び存立危機事態において、我が国を防衛し、国土並びに国民の生命、身体及び財産を保護する固有の使命を有することから、前条の基本理念にのっとり、組織及び機能の全てを挙げて、武力攻撃事態等及び存立危機事態に対処するとともに、国全体として万全の措置が講じられるようにする責務を有する。

②　国は、前項の責務を果たすため、武力攻撃事態等及び存立危機事態への円滑かつ効果的な対処が可能となるよう、関係機関が行うこれらの事態への対

処についての訓練その他の関係機関相互の緊密な連携協力の確保に資する施策を実施するものとする。

第９条（対処基本方針）

　政府は、武力攻撃事態等又は存立危機事態に至ったときは、武力攻撃事態等又は存立危機事態への対処に関する基本的な方針（以下「対処基本方針」という。）を定めるものとする。

②　対処基本方針に定める事項は、次のとおりとする。

　一　対処すべき事態に関する次に掲げる事項

　　イ　事態の経緯、事態が武力攻撃事態であること、武力攻撃予測事態であること又は存立危機事態であることの認定及び当該認定の前提となった事実

　　ロ　事態が武力攻撃事態又は存立危機事態であると認定する場合にあっては、我が国の存立を全うし、国民を守るために他に適当な手段がなく、事態に対処するため武力の行使が必要であると認められる理由

　二　当該武力攻撃事態等又は存立危機事態への対処に関する全般的な方針

　三　対処措置に関する重要事項

③　武力攻撃事態又は存立危機事態においては、対処基本方針には、前項第三号に定める事項として、次に掲げる内閣総理大臣の承認を行う場合はその旨を記載しなければならない。

　一　防衛大臣が自衛隊法（昭和二十九年法律第百六十五号）第七十条第一項又は第八項の規定に基づき発する同条第一項第一号に定める防衛招集命令書による防衛招集命令に関して同項又は同条第八項の規定により内閣総理大臣が行う承認

　二　防衛大臣が自衛隊法第七十五条の四第一項又は第六項の規定に基づき発する同条第一項第一号に定める防衛招集命令書による防衛招集命令に関して同項又は同条第六項の規定により内閣総理大臣が行う承認

　三　防衛大臣が自衛隊法第七十七条の規定に基づき発する防衛出動待機命令に関して同条の規定により内閣総理大臣が行う承認

　四　防衛大臣が自衛隊法第七十七条の二の規定に基づき命ずる防御施設構築の措置に関して同条の規定により内閣総理大臣が行う承認

　五　防衛大臣が武力攻撃事態等及び存立危機事態におけるアメリカ合衆国等

の軍隊の行動に伴い我が国が実施する措置に関する法律（平成十六年法律第百十三号）第十条第三項の規定に基づき実施を命ずる行動関連措置としての役務の提供に関して同項の規定により内閣総理大臣が行う承認

六　防衛大臣が武力攻撃事態及び存立危機事態における外国軍用品等の海上輸送の規制に関する法律（平成十六年法律第百十六号）第四条の規定に基づき命ずる同法第四章の規定による措置に関して同条の規定により内閣総理大臣が行う承認

④　武力攻撃事態又は存立危機事態においては、対処基本方針には、前項に定めるもののほか、第二項第三号に定める事項として、第一号に掲げる内閣総理大臣が行う国会の承認（衆議院が解散されているときは、日本国憲法第五十四条に規定する緊急集会による参議院の承認。以下この条において同じ。）の求めを行う場合にあってはその旨を、内閣総理大臣が第二号に掲げる防衛出動を命ずる場合にあってはその旨を記載しなければならない。ただし、同号に掲げる防衛出動を命ずる旨の記載は、特に緊急の必要があり事前に国会の承認を得るいとまがない場合でなければ、することができない。

一　内閣総理大臣が防衛出動を命ずることについての自衛隊法第七十六条第一項の規定に基づく国会の承認の求め

二　自衛隊法第七十六条第一項の規定に基づき内閣総理大臣が命ずる防衛出動

⑤　武力攻撃予測事態においては、対処基本方針には、第二項第三号に定める事項として、次に掲げる内閣総理大臣の承認を行う場合はその旨を記載しなければならない。

一　防衛大臣が自衛隊法第七十条第一項又は第八項の規定に基づき発する同条第一項第一号に定める防衛招集命令書による防衛招集命令（事態が緊迫し、同法第七十六条第一項の規定による防衛出動命令が発せられることが予測される場合に係るものに限る。）に関して同法第七十条第一項又は第八項の規定により内閣総理大臣が行う承認

二　防衛大臣が自衛隊法第七十五条の四第一項又は第六項の規定に基づき発する同条第一項第一号に定める防衛招集命令書による防衛招集命令（事態が緊迫し、同法第七十六条第一項の規定による防衛出動命令が発せられることが予測される場合に係るものに限る。）に関して同法第七十五条の四

第一項又は第六項の規定により内閣総理大臣が行う承認

三　防衛大臣が自衛隊法第七十七条の規定に基づき発する防衛出動待機命令に関して同条の規定により内閣総理大臣が行う承認

四　防衛大臣が自衛隊法第七十七条の二の規定に基づき命ずる防御施設構築の措置に関して同条の規定により内閣総理大臣が行う承認

五　防衛大臣が武力攻撃事態等及び存立危機事態におけるアメリカ合衆国等の軍隊の行動に伴い我が国が実施する措置に関する法律第十条第三項の規定に基づき実施を命ずる行動関連措置としての役務の提供に関して同項の規定により内閣総理大臣が行う承認

⑥　内閣総理大臣は、対処基本方針の案を作成し、閣議の決定を求めなければならない。

⑦　内閣総理大臣は、前項の閣議の決定があったときは、直ちに、対処基本方針（第四項第一号に規定する国会の承認の求めに関する部分を除く。）につき、国会の承認を求めなければならない。

⑧　内閣総理大臣は、第六項の閣議の決定があったときは、直ちに、対処基本方針を公示してその周知を図らなければならない。

⑨　内閣総理大臣は、第七項の規定に基づく対処基本方針の承認があったときは、直ちに、その旨を公示しなければならない。

⑩　第四項第一号に規定する防衛出動を命ずることについての承認の求めに係る国会の承認が得られたときは、対処基本方針を変更して、これに当該承認に係る防衛出動を命ずる旨を記載するものとする。

⑪　第七項の規定に基づく対処基本方針の承認の求めに対し、不承認の議決があったときは、当該議決に係る対処措置は、速やかに、終了されなければならない。この場合において、内閣総理大臣は、第四項第二号に規定する防衛出動を命じた自衛隊については、直ちに撤収を命じなければならない。

⑫　内閣総理大臣は、対処措置を実施するに当たり、対処基本方針に基づいて、内閣を代表して行政各部を指揮監督する。

⑬　第六項から第九項まで及び第十一項の規定は、対処基本方針の変更について準用する。ただし、第十項の規定に基づく変更及び対処措置を構成する措置の終了を内容とする変更については、第七項、第九項及び第十一項の規定は、この限りでない。

⑭　内閣総理大臣は、対処措置を実施する必要がなくなったと認めるとき又は国会が対処措置を終了すべきことを議決したときは、対処基本方針の廃止につき、閣議の決定を求めなければならない。

⑮　内閣総理大臣は、前項の閣議の決定があったときは、速やかに、対処基本方針が廃止された旨及び対処基本方針に定める対処措置の結果を国会に報告するとともに、これを公示しなければならない。

参考資料1　平成8年（1996年）12月24日の安全保障会議決定・閣議決定「我が国の領海及び内水で潜没航行する外国潜水艦への対処について」

1　防衛省は、我が国の領海及び内水で潜没航行する外国潜水艦を発見次第速やかに外務省及び海上保安庁にこの旨を通報し、当該外国潜水艦への対処に当たっては、防衛省、外務省及び海上保安庁は相互に緊密に調整し、協力するものとする。

2　内閣総理大臣は自衛隊法第八十二条の規定に基づき、防衛大臣から、我が国の領海及び内水で潜没航行する外国潜水艦に対して海面上を航行し、かつ、その旗を掲げる旨要求すること及び当該外国潜水艦がこれに応じない場合には我が国の領海外への退去要求を行うことを自衛隊の部隊に命ずることについての承認を求められた場合において、海上における治安の維持のため必要があり、かつ、海上保安庁のみでは当該要求を行うことができないと認められるときは、当該承認をすることができる。

参考資料2　平成13年（2001年）11月2日の閣議決定「我が国周辺を航行する不審船への対処について」

1　不審船への対処及び関係省庁の連携

　我が国周辺を航行する船舶であって重大凶悪犯罪に関与している外国船舶と疑われる不審な船舶（以下「不審船」という。）については、政府は効果的かつ的確に対応して、これを確実に停船させ、立入検査を行う等所要の措置を講ずるものとする。このため、関係省庁（内閣官房、警察庁、公安調査庁、外務省、水産庁、海上保安庁及び防衛省）は、日頃より連携を密にし、不審船に係る情報の収集、交換に努めるとともに、不審船事案発生時の迅速な連絡体制及び対応体制を整備する。

2　関係閣僚会議の開催

　不審船への対応に当たっては、必要に応じて内閣総理大臣が主宰する関係閣僚会議を開催し、基本的対処方針その他の対処に係る重要事項について協議する。関係閣僚会議の構成員は、内閣総理大臣、法務大臣、外務大臣、農林水産大臣、国土交通大臣、防衛大臣、国家公安委員会委員長、内閣官房長

官その他内閣総理大臣が必要と認める者とする。

3　迅速な閣議手続

　　不審船への対応に関し、自衛隊法第八十二条に規定する海上における警備行動の発令に係る内閣総理大臣の承認等のために閣議を開催する必要がある場合において、特に緊急な判断を必要とし、かつ、国務大臣全員が参集しての速やかな臨時閣議の開催が困難であるときは、内閣総理大臣の主宰により、電話等により各国務大臣の了解を得て閣議決定を行う。この場合、連絡を取ることができなかった国務大臣に対しては、事後速やかに連絡を行う。

参考資料3　平成26年（2014年）7月1日の国家安全保障会議決定・閣議決定「国の存立を全うし、国民を守るための切れ目のない安全保障法制の整備について」（抄）

　我が国は、戦後一貫して日本国憲法の下で平和国家として歩んできた。専守防衛に徹し、他国に脅威を与えるような軍事大国とはならず、非核三原則を守るとの基本方針を堅持しつつ、国民の営々とした努力により経済大国として栄え、安定して豊かな国民生活を築いてきた。また、我が国は、平和国家としての立場から、国際連合憲章を遵守しながら、国際社会や国際連合を始めとする国際機関と連携し、それらの活動に積極的に寄与している。こうした我が国の平和国家としての歩みは、国際社会において高い評価と尊敬を勝ち得てきており、これをより確固たるものにしなければならない。

　一方、日本国憲法の施行から67年となる今日までの間に、我が国を取り巻く安全保障環境は根本的に変容するとともに、更に変化し続け、我が国は複雑かつ重大な国家安全保障上の課題に直面している。国際連合憲章が理想として掲げたいわゆる正規の「国連軍」は実現のめどが立っていないことに加え、冷戦終結後の四半世紀だけをとっても、グローバルなパワーバランスの変化、技術革新の急速な進展、大量破壊兵器や弾道ミサイルの開発及び拡散、国際テロなどの脅威により、アジア太平洋地域において問題や緊張が生み出されるとともに、脅威が世界のどの地域において発生しても、我が国の安全保障に直接的な影響を及ぼし得る状況になっている。さらに、近年では、海洋、宇宙空間、サイバー空間に対する自由なアクセス及びその活用を妨げるリスクが拡散し深

刻化している。もはや、どの国も一国のみで平和を守ることはできず、国際社会もまた、我が国がその国力にふさわしい形で一層積極的な役割を果たすことを期待している。

　政府の最も重要な責務は、我が国の平和と安全を維持し、その存立を全うするとともに、国民の命を守ることである。我が国を取り巻く安全保障環境の変化に対応し、政府としての責務を果たすためには、まず、十分な体制をもって力強い外交を推進することにより、安定しかつ見通しがつきやすい国際環境を創出し、脅威の出現を未然に防ぐとともに、国際法にのっとって行動し、法の支配を重視することにより、紛争の平和的な解決を図らなければならない。

　さらに、我が国自身の防衛力を適切に整備、維持、運用し、同盟国である米国との相互協力を強化するとともに、域内外のパートナーとの信頼及び協力関係を深めることが重要である。特に、我が国の安全及びアジア太平洋地域の平和と安定のために、日米安全保障体制の実効性を一層高め、日米同盟の抑止力を向上させることにより、武力紛争を未然に回避し、我が国に脅威が及ぶことを防止することが必要不可欠である。その上で、いかなる事態においても国民の命と平和な暮らしを断固として守り抜くとともに、国際協調主義に基づく「積極的平和主義」の下、国際社会の平和と安定にこれまで以上に積極的に貢献するためには、切れ目のない対応を可能とする国内法制を整備しなければならない。

　5月15日に「安全保障の法的基盤の再構築に関する懇談会」から報告書が提出され、同日に安倍内閣総理大臣が記者会見で表明した基本的方向性に基づき、これまで与党において協議を重ね、政府としても検討を進めてきた。今般、与党協議の結果に基づき、政府として、以下の基本方針に従って、国民の命と平和な暮らしを守り抜くために必要な国内法制を速やかに整備することとする。

1　武力攻撃に至らない侵害への対処
(1) 我が国を取り巻く安全保障環境が厳しさを増していることを考慮すれば、純然たる平時でも有事でもない事態が生じやすく、これにより更に重大な事態に至りかねないリスクを有している。こうした武力攻撃に至らない侵害に際し、警察機関と自衛隊を含む関係機関が基本的な役割分担を前提として、より緊密に協力し、いかなる不法行為に対しても切れ目のない十分な対応を

確保するための態勢を整備することが一層重要な課題となっている。

(2) 具体的には、こうした様々な不法行為に対処するため、警察や海上保安庁などの関係機関が、それぞれの任務と権限に応じて緊密に協力して対応するとの基本方針の下、各々の対応能力を向上させ、情報共有を含む連携を強化し、具体的な対応要領の検討や整備を行い、命令発出手続を迅速化するとともに、各種の演習や訓練を充実させるなど、各般の分野における必要な取組を一層強化することとする。

(3) このうち、手続の迅速化については、離島の周辺地域等において外部から武力攻撃に至らない侵害が発生し、近傍に警察力が存在しない場合や警察機関が直ちに対応できない場合（武装集団の所持する武器等のために対応できない場合を含む。）の対応において、治安出動や海上における警備行動を発令するための関連規定の適用関係についてあらかじめ十分に検討し、関係機関において共通の認識を確立しておくとともに、手続を経ている間に、不法行為による被害が拡大することがないよう、状況に応じた早期の下令や手続の迅速化のための方策について具体的に検討することとする。

参考資料4　平成27年（2015年）5月14日の閣議決定「離島等に対する武装集団による不法上陸等事案に対する政府の対処について」

政府は、離島又はその周辺海域（以下「離島等」という。）において、武装した集団又は武装している蓋然性が極めて高い集団が当該離島に不法に上陸するおそれが高い事案又は上陸する事案（以下「離島等に対する武装集団による不法上陸等事案」という。）が発生した場合、我が国の主権を守り、国民の安全を確保するとの観点から、関係機関がより緊密に協力し、いかなる不法行為に対しても切れ目のない十分な対応を確保するため、下記により対応することとする。

記

1. 事態の的確な把握

離島等に対する武装集団による不法上陸等事案が発生した場合、事態を把握した別紙1に掲げる関係省庁（以下「関係省庁」という。）は、内閣情報調査室を

通じて内閣総理大臣、内閣官房長官、内閣官房副長官、内閣危機管理監及び国家安全保障局長（以下「内閣総理大臣等」という。）への報告連絡を迅速に行うとともに、相互に協力して更なる事態の把握に努める。

なお、上記報告ルートに加え、関係省庁による内閣総理大臣等への報告がそれぞれのルートで行われることを妨げるものではない。

2．対策本部の設置等

政府は、離島等に対する武装集団による不法上陸等事案が発生し、政府としての対処を総合的かつ強力に推進する必要がある場合には、内閣総理大臣の判断により、内閣に、内閣総理大臣を本部長とし、内閣官房長官その他必要により本部員のうち国務大臣である者の中から本部長が指定する者を副本部長とする対策本部を速やかに設置する。対策本部の本部員は別紙2のとおりとし、その運用については、「重大テロ等発生時の政府の初動措置について」（平成10年4月10日閣議決定）による対策本部に準ずるものとする。

3．事態緊迫時の対処

事態が緊迫し、海上警備行動（自衛隊法第82条に規定する海上における警備行動をいう。以下同じ。）命令又は治安出動（自衛隊法第78条に規定する命令による治安出動をいう。以下同じ。）命令の発出が予測される場合には、対策本部の下、内閣官房、外務省、海上保安庁、警察庁及び防衛省を中心に、あらかじめ、海上警備行動命令又は治安出動命令の発出に係る、対処方針の検討、自衛隊と海上保安庁、警察等との間の役割分担及び連携の確認、国際法との整合性の確認、必要な情報の共有等について、相互に最大限の協力を行い、海上警備行動命令又は治安出動命令が発出された際には速やかに強力な対処を行うことができる態勢を整える。

4．迅速な閣議手続等

(1) 海上警備行動

海上保安庁のみでは対応できないと認められ、海上警備行動命令の発出に係る内閣総理大臣の承認等のために閣議を開催する必要がある場合において、特に緊急な判断を必要とし、かつ、国務大臣全員が参集しての速やかな臨時閣議

の開催が困難であるときは、内閣総理大臣の主宰により、電話等により各国務大臣の了解を得て閣議決定を行う。この場合、連絡を取ることができなかった国務大臣に対しては、事後速やかに連絡を行う。

(2) 治安出動等

　警察機関による迅速な対応が困難である場合であって、かつ、事態が緊迫し、治安出動命令の発出が予測される場合における防衛大臣が発する治安出動待機命令及び武器を携行する自衛隊の部隊が行う情報収集命令に対する内閣総理大臣による承認、一般の警察力をもっては治安を維持することができないと認められる事態が生じた場合における内閣総理大臣による治安出動命令の発出等のために閣議を開催する必要がある場合において、特に緊急な判断を必要とし、かつ、国務大臣全員が参集しての速やかな臨時閣議の開催が困難であるときは、内閣総理大臣の主宰により、電話等により各国務大臣の了解を得て閣議決定を行う。この場合、連絡を取ることができなかった国務大臣に対しては、事後速やかに連絡を行う。

(3) 上記（1）又は（2）の命令発出に際して国家安全保障会議における審議等を行う場合には、電話等によりこれを行うことができる。

5．事案発生前からの緊密な連携等

　上記のほか、内閣官房及び関係省庁は、事案が発生する前においても連携を密にし、離島等に対する武装集団による不法上陸等事案に発展する可能性がある事案に関する情報を収集、交換し、事案への対応について認識を共有するとともに、訓練等を通じた対処能力の向上等を図り、事案が発生した場合には迅速に対応することができる態勢を整備することとする。

別紙1
〈関係省庁〉
警察庁
法務省
公安調査庁
外務省
海上保安庁

防衛省

その他本部長が必要と認める省庁

別紙 2

〈対策本部の本部員〉

関係省庁の長たる国務大臣（国家公安委員会委員長を含む。）

内閣官房副長官

内閣危機管理監

国家安全保障局長

警察庁長官

海上保安庁長官

その他本部長が必要と認める者

参考資料 5　平成 27 年（2015 年）5 月 14 日の閣議決定「我が国の領海及び内水で国際法上の無害通航に該当しない航行を行う外国軍艦への対処について」

　政府は、我が国の領海及び内水において、外国軍艦が国際法上の無害通航に該当しない航行を行う場合、我が国の主権を守り、国民の安全を確保するとの観点から、関係機関がより緊密に協力し、いかなる不法行為に対しても切れ目のない十分な対応を確保するため、下記により対応することとする。

　なお、外国軍艦のうち、我が国の領海及び内水で潜没航行する外国潜水艦については、「我が国の領海及び内水で潜没航行する外国潜水艦への対処について」（平成 8 年 12 月 24 日閣議決定）により対応するものとする。

記

1. 事態の的確な把握

　我が国の領海及び内水において、外国軍艦が国際法上の無害通航に該当しない航行を行う可能性がある場合、事態を把握した海上保安庁又は防衛省は、内閣情報調査室を通じて内閣総理大臣、内閣官房長官、内閣官房副長官、内閣危機管理監及び国家安全保障局長（以下「内閣総理大臣等」という。）への報告連絡

を迅速に行うとともに、速やかに内閣官房、外務省その他関係省庁にこの旨を通報し、相互に協力して更なる事態の把握に努める。

　なお、上記報告ルートに加え、海上保安庁又は防衛省による内閣総理大臣等への報告がそれぞれのルートで行われることを妨げるものではない。

2．事態への対処

　政府は、我が国の領海及び内水で国際法上の無害通航に該当しない航行を行う外国軍艦に対しては、国際法に従って、我が国の領海外への退去要求等の措置を直ちに行うものとし、いかなる不法行為に対しても切れ目のない十分な対応を確保するとの観点から、当該措置は、自衛隊法第82条に基づき海上における警備行動を発令し、自衛隊の部隊により行うことを基本とする。この際、防衛省、外務省及び海上保安庁は相互に緊密かつ迅速に情報共有し、調整し、及び協力するものとする。

3．迅速な閣議手続等

(1) 我が国の領海及び内水で国際法上の無害通航に該当しない航行を行っていると判断された外国軍艦への対処に関し、海上における人命若しくは財産の保護又は治安の維持のため特別の必要があり、自衛隊法第82条に規定する海上における警備行動の発令に係る内閣総理大臣の承認等のために閣議を開催する必要がある場合において、特に緊急の判断を必要とし、かつ、国務大臣全員が参集しての速やかな臨時閣議の開催が困難であるときは、内閣総理大臣の主宰により、電話等により各国務大臣の了解を得て閣議決定を行う。この場合、連絡を取ることができなかった国務大臣に対しては、事後速やかに連絡を行う。

(2) 上記（1）の命令発出に際して国家安全保障会議における審議等を行う場合には、電話等によりこれを行うことができる。

4．事案発生前からの緊密な連携等

　上記のほか、内閣官房及び関係省庁は、事案が発生する前においても連携を密にし、我が国の領海及び内水で国際法上の無害通航に該当しない航行を行う外国軍艦への対応について認識を共有するとともに、訓練等を通じた対処能力

の向上等を図り、事案が発生した場合には迅速に対応することができる態勢を
整備することとする。

〈著者紹介〉

鶴 田　順（つるた・じゅん）

　　2005 年　　海上保安大学校講師
　　2009 年　　海上保安大学校准教授
　　2015 年　　政策研究大学院大学准教授
　　2017 年　　明治学院大学法学部准教授

〈主要著書〉

『国際法講義──副読本（第 3 版）』（成文堂、2022 年）

『国際環境法講義（第 2 版）』（有信堂高文社、2022 年）（共編著）

『環境問題と法──身近な問題から地球規模の課題まで』（法律文化社、2022 年）（共編著）

『海賊対処法の研究』（有信堂高文社、2016 年）（編著）

海の安全保障と法──日本はグレーゾーン事態にいかに対処すべきか

2024 年（令和 6 年）4 月 24 日　初版第 1 刷発行

　　　　　　　　著　者　　鶴　田　　　　順
　　　　　　　　発行者　　今　井　　　　貴
　　　　　　　　発行所　　信山社出版株式会社
　　　　　（〒113-0033）東京都文京区本郷 6-2-9-102
　　　　　　TEL 03（3818）1019／FAX 03（3818）0344

Printed in Japan　　　　　　　　　　　　印刷・製本／藤原印刷

国際法研究

岩沢雄司・中谷和弘 責任編集

環境法研究

大塚 直 責任編集

海と国際法

柳井俊二 編著

鶴田順・西本健太郎・西村弓・児矢野マリ

石井由梨佳・小島千枝・都留康子

漁業資源管理の法と政策

持続可能な漁業に向けた国際法秩序と日本

児矢野マリ 編

堀口健夫・大久保彩子・鶴田順・松本充郎

田中良弘・久保はるか・阪口功・牧賢司

——————— 信山社 ———————